SPEISE FÜHRER

Die 30 authentischsten Speisen aus Provence-Alpes-Côte d'Azur

W0034812

Einige Worte vorab

In heißen Sommern dem Zirpen der Zikaden lauschen. Mit einem Glas eiskaltem Rosé im Schatten der Platanen sitzen und dem Treiben auf dem Marktplatz zuschauen. Den beginnenden Abend mit einem Pastis und einigen mild-säuerlichen Oliven einläuten. Sich vom betörenden Duft der lilablau schimmernden Lavendelfelder verzaubern lassen. Saftige, süße Tomaten und sonnengelb leuchtende Zucchiniblüten, die einen anlachen und in den Einkaufskorb springen wollen. Das Summen der Bienen, die in Rosmarin und Thymian den Nektar für kräftigen Honig sammeln. Die bimmelnden Glöckchen der Schafe, die in den Bergen friedlich über die Weiden ziehen, im Stall mit den Ziegen meckern und den Käse aus den Kastanienblättern wickeln. Am großen Blau sitzen, den Wellen zuhören bis einem in heller Vorfeude auf Fisch und Meeresfrüchte das Wasser im Mund zusammenläuft.

Sinnlich und verführerisch

Mit allen Sinnen entdecken und genießen. Wo sollte das besser gehen als hier? *La Provence,* von jeher ein Sehnsuchtsziel, das unzählige Künstler und Bohemiens angelockt und umschmeichelt hat und dessen verführerische Anziehungskraft ungebrochen ist Der Inbegriff des Südens wartet darauf, kulinarisch von Ihnen entdeckt zu werden. Opulente Tafelrunden und genüssliche Festrituale waren hier bereits in der Antike en vogue.

Es gibt viel zu entdecken

Unmöglich, die große Region nur einmalig zu bereisen. Gehen Sie davon aus, dass die Provence Sie umschmeicheln wird und Sie wiederkommen wollen. Jede Jahreszeit und Gegend beschenkt Sie aufs Neue. Und so ist es auch unmöglich, nur von *der* provenzalischen Küche zu sprechen. Küchen trifft es besser.

Ein reich gedeckter Tisch ist die Provence zu jeder Jahreszeit. Das Gefühl, sich

Zeitig im Frühjahr gibt es bereits wohlschmeckende Erdbeeren und Kirschen aus Carpentras.

Blick auf den Heiligen Riesen der Provence – der Mont Ventoux

im Schlaraffenland zu befinden, überkommt einen schnell. Spätestens, wenn die ersten Erdbeeren aus Carpentras in kleinen Holzkörbchen, *Barquettes* genannt, an den Marktständen auftauchen, ist Frühling. Ende Mai leuchten rot und knackig die Kirschen vom Mont Ventoux.

Eine *Anchoïade* und *Poutargue* am Meer, zusammen mit einem *Grand Aïoli,* das alles im Sommer und am langen Gartentisch, geteilt in großer Runde – was könnte schöner sein!

Die typische *Cuisine niçoise* mit *Pissaladière* und *Pan Bagnat* oder Dinkel und Kichererbsen aus den Alpen in einem reichhaltigen Salat, Reis und Stierfleisch aus der Camargue im Schmorgericht *Daube* oder Schwarze Trüffel aus den Hainen rund um Richerenches für ein kräftiges Omelette im Winter – ein Genussreiseziel ist die Provence das ganze Jahr.

Sie werden es sicher vermuten: Jede Familie hat ihre jeweils besten Rezepte für die provenzalische Küche, sei es für die köstlichen *Tomates farcies,* eine *Soupe au Pistou* oder die *Ratatouille.* Worüber Einigkeit herrscht: Wein und Olivenöl gibt es hier in bester Qualität.

In den Rezepten der Provence verbinden sich altes Wissen und neue Einflüsse. Sie entwickeln sich weiter und bleiben sich zugleich treu.

Ein kostbares Gut

Die reichen Gaben sind nicht selbstverständlich. Ein Stück Demut und Dankbarkeit steht uns gut angesichts der Geschenke der Natur. Und es gilt, diese Geschenke und die Menschen, die mit ihnen arbeiten, um die Tische zu decken, zu schützen. Reisen Sie verantwortungsvoll, kaufen Sie lokal, am besten direkt von den Erzeugern, helfen Sie, gute Spuren zu hinterlassen. Lassen Sie sich treiben, anziehen und kommen Sie vor allem mit großem Appetit und einer ordentlichen Portion kulinarischer Neugier.

Ich wünsche Ihnen eine wunderbare, abwechslungsreiche und genüssliche Entdeckungsreise mit allen Sinnen.

Ihre
Sandy Neumann

Informationen zum Buchkonzept

Sich einer Gegend anzunähern und sie zu entdecken geht am besten kulinarisch. Die Großregion Provence-Alpes-Côte d'Azur bietet unzählige Gelegenheiten, hochwertige Produkte und Speisen kennenzulernen. Hinter dem etwas sperrigen Namen verbergen sich die Départements Alpes-de-Haute-Provence (04), Hautes-Alpes (05), Alpes-Maritimes (06), Bouches-du-Rhône (13), Var (83) und Vaucluse (84).

Sie erfahren Wissenswertes über dreißig Produkte und Speisen aus den verschiedenen Regionen und erhalten Hinweise, wo Sie diese am besten einkaufen oder im Restaurant essen können. Sie finden Empfehlungen für reizende Märkte, hübsche Geschäfte mit Nützlichem und Schönem und für passende Mitbringsel. Dafür können Sie

sich an den Ordnungszahlen der Départements, den ersten beiden Ziffern der Postleitzahl orientieren, und wissen so, in welcher Gegend Sie gerade unterwegs sind.

Zum Beispiel probieren Sie in Marseille (13) die *Bouillabaisse* oder *Chichi Frégi,* das beste Fast Food. Und abends nehmen Sie einen Pastis in einer der Kneipen im Altstadtviertel Le Panier oder am Vieux Port, dem alten Hafen. Saint-Tropez (83) wartet mit einem Stück echter *Tarte Tropézienne* auf Sie. Les Halles, die Markthallen von Avignon (84), gehören zu den schönsten überdachten Märkten. Belegen Sie einen Kochkurs bei Pascal Barnouin vom Restaurant Maison de la Tour. Er geht mit Ihnen einkaufen und verrät, wo Sie den besten Käse und Fisch bekommen.

Sind Sie zeitig im Jahr unterwegs, fahren Sie im Februar nach Menton (06), wenn die berühmten Zitronen die ganze Stadt in ein Gelb tauchen, das Sie so noch nicht gesehen haben. Degustieren Sie in den hohen Lagen der Hautes-Alpes (05) Wein der Rebsorte Mollard; die rare Besonderheit passt ganz hervorragend zum Lamm aus Sisteron (04).

Eine Vielzahl an Tipps unterstützt Sie dabei, zum Beispiel typisch provenzalisch zu übernachten. Sie erfahren, welchen Gütesiegeln für gute Qualität Sie vertrauen können und wo vegetarische und vegane Küche angeboten wird. Sofern vorhanden, finden Sie für die Produkte Bezugsquellen in Deutschland, Österreich und der Schweiz.

Die Brasserie Les deux garçons in Aix-en-Provence ist ein Treffpunkt zu jeder Tageszeit.

Und so funktioniert der Speiseführer Südfrankreich

Die 30 Speisen

🦴 **Fisch, Fleisch und mehr**
Hauptbestandteil der Speise ist tierischen Ursprungs, darunter sind aber auch für Vegetarier geeignete Anregungen.

🥗 **Gemüse und mehr**
Als bestimmende Zutat spielen pflanzliche Produkte eine Rolle, vereinzelt können die Speisen um nicht-vegetarische Zutaten ergänzt sein.

🥐 **Gebäck, Dessert und mehr**
Besondere Spezialitäten von Broten über herzhafte Backwaren bis hin zu Süßspeisen

Speisenkennzeichnungen

Die nachfolgenden Kennzeichnungen beziehen sich auf die Standardzubereitung.

🌱 Vegetarische Speisen

🌱 Vegane Speisen

Hinweise

★ Besondere Empfehlung

🍷 Alkoholhaltiges Getränk

🍽 Gehobenere Lokalität,
exklusiveres Ambiente

✕ Normale Lokalität,
entspannte Atmosphäre

Faktensymbole

✉ Adresse

🕐 Öffnungszeiten

🅿 Parkmöglichkeiten

🚌 Erreichbarkeit mit öffentlichen Verkehrsmitteln (in Städten und wo sinnvoll)

ℹ Hinweise und Tipps

🌐 Webseite

Rund um die Kulinarik Südfrankreichs

In den Sonderteilen geben wir Tipps für Marktbesuche und Informationen rund um Erzeuger, biologische Landwirtschaft, Nachhaltigkeit uvm. Darüber hinaus gibt es Specials zu verschiedenen Themen rund um die typische Kulinarik der Region.

Die Küche der Provence-Alpes-Côte d'Azur

Die Faszination und Anziehungskraft dieser wahren und ehrlichen Küche liegt wohl im Einfachen. Wir sind fasziniert von Farben und Vielfalt auf den opulenten Märkten, wir fühlen uns verbunden mit der Natur, wenn wir den Duft der Kräuter wie Rosmarin, Thymian und Lavendel in der Nase haben, und wir fühlen uns im kulinarischen Himmel, wenn wir ein frisches Olivenöl, einen Löffel *Bouillabaisse,* eine sonnenreife Tomate, saftige Pfirsiche oder ein Stückchen honigsüßes Nougat am Gaumen spüren. Verführerisches aus der Fülle der Obst- und Gemüsegärten, geprägt vom mediterranen Klima, das die richtige Würze gibt. Die provenzalische Küche ist eine Errungenschaft.

Die drei provenzalischen Brüder

Der Freitag gehört in der Provence noch immer dem *Aïoli!* Vor den Restaurants künden die Tafeln vom traditionellen Gericht. Eine dicke Sauce aus Olivenöl und Knoblauch, so einfach wie wirkungsvoll. Das wusste schon der provenzalische Dichter Frédéric Mistral, der dem Knoblauch die Tugend zuschrieb, »Fliegen zu vertreiben«. Zum *Grand Aïoli* gibt es Fisch, Wellhornschnecken und gekochtes Gemüse. Bereits zu Zeiten der Französischen Revolution wurde im Pariser Restaurant Les Trois-Frères Provençaux *Aïoli* zur *Bouillabaisse* gereicht, dazu las man aus den Briefen des provenzalischen Dichters Alphonse Daudet, der sein Leben lang das Hohelied der Provence und ihrer Küche sang. Noch heute werden *Aïoli, Bouillabaisse* und Daudet deshalb mancherorts als die drei provenzalischen Brüder bezeichnet.

*W*ir träumen von *La vrai Cuisine Provençale,* die uns das Reisefieber beschert, sodass es kein Halten mehr gibt. Die provenzalische Küche lockt uns in die endlosen Sommer, wie sie es schon mit vielen vor uns getan hat, und zieht uns immer wieder in ihren Bann.

Aïoli-**Highlight**   In Marseille probieren Sie ein *Grand Aïoli*-Sandwich im Pain à l'Ail – einfach köstlich.

Was wäre die Provence ohne ihre Lavendelfelder ... eine Route führt zu den Blütezeiten durch die Region.

Entstehungsgeschichte

Von der Antike ins Hier und Jetzt

Für die Zeit bis zum Mittelalter geben nur wenige Schriften Aufschluss über die provenzalische Küche, aber man kann davon ausgehen, dass die Ankunft der Griechen in Massalia, dem heutigen Marseille, viele Gewürze und Zubereitungsarten mitbrachte. So entstand wohl die *Melet,* in der Provence auch *Lou melet* genannt, eine Creme aus fermentierten, kleinen Anchovis, die die Römer Garum nannten.

Der Olivenbaum und sein Öl existierten bereits lange vor den Griechen, die intensive Nutzung wurde durch sie beschleunigt. Zur gleichen Zeit wurde auch der Wein von den Etruskern eingeführt. Die Provence ist die Wiege des französischen Weinbaus, der sich dann über das Rhônetal ausbreitete.

Die Weitergabe von Rezepten erfolgte mündlich in Familien. Der aus Arles stammende Chronist Bertrand Boysset beschrieb im 14. und 15. Jahrhundert die pro-

venzalische Küche. Danach aßen *les Provençaux* in den Küstengebieten reichlich Brot, grünes Gemüse, sehr wenig Fleisch, dafür Wild und Fisch. Fleisch war knapp. Rinder und Schafe wurden nicht zum Schlachten, sondern zur Arbeit und für Wolle gezüchtet. Die Hirten nahmen Hammelfleisch, salzten es acht Tage lang ein, dann wurde es gewürzt und eingerollt. Das haltbare Fleisch wurde in der Haut des Tieres aufbewahrt. Vor 1910 war Schweinefleisch ein Zeichen von Reichtum.

Mittelalter

In Nizza wurde das Wort *pissalat* um 1539 verwendet, um einen gesalzenen Fisch *(peis salat)* zu bezeichnen. Ende des 16. Jahrhunderts brachten die Italiener Rezepte für *Ratatouille* und *Tomates farcies* nach Frankreich. Die Hochzeit der vierzehnjährigen Katharina von Medici mit dem zukünftigen französischen König Heinrich II. gilt als Schlüsselerlebnis in der Entwicklung der gesamten französischen Küche. Die von Katharina an den französischen Hof mitgebrachten italienischen Köche führten feines Essen mit erlesenen Zutaten und aufwendiger Zubereitung in die Adelshäuser ein. So hielt die Haute Cuisine auch in den päpstlichen Palästen von Avignon einzug.

Escoffier – der erste kulinarischer Autor

Georges Auguste Escoffier (1846–1935) aus dem provenzalischen Villeneuve-Loubet war ein begnadeter Küchenchef und Gastronom und gilt als der erste wahre kulinarische Autor. Sein Geburtshaus ist heute ein Museum für Kochkunst, das Musée Escoffier de l'Art Culinaire. Er entwickelte das Konzept der Küchenbrigade und erschuf Klassiker wie Birne Helene oder Pfirsich Melba.

In die Sommerfrische fahren

Ab Ende des 19. bis hinein ins frühe 20. Jahrhundert entwickelte sich ein boomender Tourismus für Könige und Fürsten in den Kurorten und Seebädern der Côte d'Azur. Der bezahlte Urlaub wurde 1936 eingeführt und lockte dann auch den normalen Franzosen in die Provence. Durch die Entwicklung des Automobils und der Eisenbahn verkürzten sich die Wege, und auch die Gastronomie wuchs. Die großen Bahnhöfe und Hauptstraßen, hier insbesondere die Nationalstraße 7, entwickelten sich zu Orten der Haute Cuisine. 1915 wurde in Nizza die erste Hotelfachschule eröffnet, an der das Reglement des Service und Etikette bei Tisch gelehrt wurden.

Der Trend zum Kochbuch

Anfang des 20. Jahrhunderts erschienen die ersten Enzyklopädien der französischen Küche. Das Nachschlagewerk *La Cuisinière Provençale* von Jean-Baptiste Reboul, das erstmalig 1900 erschien, ist bis heute eins der besten Kochbücher und antiquarisch nachgefragt.

Ins Hier und Jetzt

1932 erfand Paul Ricard den Pastis de Marseille. Das Getränk ist bis heute ein Dauerbrenner als Apéritif.

Die Mx Bar Im Atrium der Docks Marseille, im Viertel Joliette, taucht man in der Bar in das emblematische Gelb von Pernod Ricard ein, nimmt einen Pastis, der hier *Pastaga* heißt, und speist anschließend im grünen Restaurant.

Das Dorf Correns im Département Var (83) stellte 1997 komplett auf Bioanbau um und ist damit im Weinbau federführend. Gérald Passedat erhielt 2008 seinen dritten Michelin-Stern für das Restaurant Le Petit Nice in Marseille und reihte sich damit in eine Riege unzähliger anderer Sterne-Restaurants in der Provence wie das La Vague d'Or in Saint-Tropez, das Mirazur in Menton oder das L'Oustau de Baumanière in Les Baux-de-Provence.

Neo-Bistro und junge Küche

Modern, progressiv, mit kosmopolitischem Erfahrungshorizont und sehr gut ausgebildet, das sind die jungen Köchinnen und Köche der Bistronomie- und Neo-Bistro-Szene. Sie sind getragen von einem freien Spirit der Weiterentwicklung, bewahren das traditionelle Wissen und bringen gleichzeitig neue Elemente in eine Küche für alle. Essengehen wird liberaler, zwangloser, seelenwärmender. Bistros waren angestaubt, hatten sich in der Mittelmäßigkeit selbst überlebt. Es blieb nicht mehr viel für den Alltag, der eben nicht im Sternerestaurant stattfindet. Das ändert sich nun.

Eine Bewegung, die in Paris ihren Ursprung nahm, weitet sich aus und hinterlässt erfreuliche Spuren in der Provence. Auf diesen wandelt und speist man zum Beispiel im Les Agitateurs in Nizza, im Chardon in

Eines der jungen Restaurants – La Mercerie in Marseille

Junge Küche, weltläufig, frisch und verbindend

Arles oder im La Femme du Boucher in Marseille. Kostenbewusst und zugleich an bester Qualität orientiert, entwickelt sich auch die provenzalische Küche ambitioniert weiter. Lässiger Service geht einher mit exquisiten, kreativen Speisen. Nachhaltigkeit, kurze Lieferketten, vegetarische und vegane frische Küche, entspannter Service und Fokus auf Frische sind das Gebot der Stunde.

Über Tiere

Ziegen und Schafe

Neben der Ziegenzucht für die Herstellung des Frischkäses *Brousse du Rove* ist die Provence geprägt von der Schafzucht. Im Sommer führt die Transhumanz, der Schafauftrieb, die Mutterschafe von den Flusstälern der Durance auf die hohen Weiden in Richtung Alpen, auf denen hochwertiges Futter zu finden ist. Im Winter bekommen sie Schutz in großen Schafställen, den *Jas.* Schafzucht ist die wichtigste landwirtschaftliche Tätigkeit. Die Transhumanz stellt einen wesentlichen Beitrag für die Umwelt dar. Sie trägt zur Artenvielfalt und zum ökologischen Gleichgewicht bei.

Am bekanntesten ist das *Agneau de Sisteron,* das Lamm von Sisteron. Die Ursprungsbezeichnung garantiert, dass die Tiere unter strengen Qualitätsmaßstäben aufgezogen wurden, um Verbrauchern erstklassiges Fleisch zu sichern. Die Lämmer werden im Alter von drei bis fünf Monaten geschlachtet. Das erzeugte Fleisch hat eine feine Textur, Aroma und Geschmack sind exzellent.

Direktkauf Das Lammfleisch des *Agneau de Sisteron* ist nur mit viel Aufwand außerhalb Frankreichs zu finden. Kaufen Sie beim Erzeuger und lassen Sie sich das Fleisch vakuumieren, im Französischen *sous vide.*

Taureau de Camargue

Die nahezu freilebenden Camargue-Rinder tragen zum Schutz des fragilen Ökosystems der Camargue bei. Mindestens sechs Monate weiden die Tiere in den feuchten Wiesen, ohne zusätzliche Fütterung. Das sehr magere und eiweißreiche Fleisch ist ein Genuss. Das AOP-Siegel schützt Herkunft und Qualität des Fleischs.

Die *Gardiane,* auch *Daube* genannt, ist ein typisches Gericht aus der Camargue. Stierfleisch wird in reichlich Rotwein mit Kräutern, Zwiebeln und Karotten lange geschmort. Köstlich sind auch eine *Terrine de Taureau,* dazu ein paar Cornichons und eine dicke Scheibe Bauernbrot, oder feine, dünne Scheiben des rohen Stierfleischs mit etwas *Fleur de Sel* und Olivenöl.

Marseille: Am Vieux Port, dem alten Hafen, gibt es morgens frischen Fisch.

Fisch und Meeresfrüchte

Wenn die Fischer morgens in den Häfen anlegen und ihren Fang direkt vom Boot verkaufen, dann gehen einem die Augen über. Rotbarben, Doraden, Sardinen, Wolfsbarsch, Knurrhahn und Seeteufel liegen neben *Favouilles,* wie man die kleinen Krabben hier nennt, daneben Tintenfische und Seeigel. Am besten kauft man direkt vor Ort, lässt sich den Fisch gleich ausnehmen und ist vorbereitet für eine eigene *Bouillabaisse.*

Früher eine bescheidene Fischsuppe, die am Strand von den Fischern aus den unverkäuflichen Fischen zubereitet wurde, ist die *Bouillabaisse* heute eine kostspielige Delikatesse. Seit 1980 existiert eine *Bouillabaisse*-Charta, die insbesondere den zu verwendenden Fisch festlegt.

Gutes erkennen In vertrauenswürdigen Restaurants wird der Fisch dem Gast gezeigt, bevor er in die *Bouillabaisse* wandert. Eine gute *Bouillabaisse* kann gut 60 Euro kosten.

Über Pflanzen

Die Provence ist dank des wohlwollenden Klimas ein üppiger Obst- und Gemüsegarten. Neben großen Betrieben gibt es gut etablierte Familienunternehmen, sodass man an den Marktständen aus dem Vollen schöpfen kann. Viele Produzenten bemühen sich um den Erhalt oder das Wiederbeleben alter Sorten an Obst und Gemüse. Gerade Tomaten erstrahlen hier in einer Vielfalt, die beeindruckt.

Kein Sommer ohne eine *Tian,* dem Auflauf aus geschichtetem und gebackenem Gemüse. Oder *Petits farcis,* gefüllte Gemüse: Kleine Tomaten, Zucchini, Paprika und Auberginen werden ausgehöhlt und mit einer Füllung aus Fleisch- oder Wurstbrät, Semmelbröseln und Kräutern gefüllt und gebacken. Heiß oder kalt gegessen, diente das Gericht früher der Verwertung von Resten.

Von wegen altes Gemüse Der Familienbetrieb Jardin Gastronomique beliefert nicht nur die gehobene Gastronomie, sondern ist von Frühjahr bis in den Spätherbst hinein auf den *Marchés des Producteurs* in Lourmarin und Lauris zu finden.

Die Ebene von Comtat Venaissin nahe Avignon und Carpentras ist wichtigster Produzent für Äpfel, Kirschen, Tafeltrauben, Tomaten und Melonen in ganz Frankreich. Bei Birnen, Erdbeeren, Spargel und Gemüsesorten wie lila Artischocken, Zucchini, Salat, Kohl, Knoblauch, Rettich und Kürbis belegt das Gebiet den zweiten Rang. Ein nährstoffreicher, tonhaltiger Boden, reichlich Wasser aus der Sorgue und der Durance, großzügiges Sonnenlicht und Wärme und die erfrischenden Mistralwinde sorgen in dem Gebiet für beste Bedingungen.

Die Melonen sind berühmt, insbesondere die Cavaillon-Melone. Die kostbaren Aprikosen des Sommers, Erdbeeren aus Carpentras, Kirschsorten wie Bigarreau und Burlat, Feigen, Äpfel und natürlich Trauben für den Weinbau bestimmen die Region.

Die Tian, ein provenzalisches *Signature Dish*, mit allem, was die Provence zu bieten hat

Reis der Camargue

Heinrich IV. befahl im 13. Jahrhundert die Einführung von Reis, richtig in Schwung kam der Anbau aber erst im 19. Jahrhundert. Heute erwirtschaften noch 200 Reisbauern mit einer Jahresproduktion von 120.000 Tonnen Paddy-Reis nahezu die gesamte französische Produktion. Seit 2000 hat Camargue-Reis die geschützte geografische Angabe IGP. Die beiden bekanntesten Sorten sind Schwarzer Reis und Roter Reis. Ein großer Teil der Produktion unterliegt mittlerweile strengen Bio-Richtlinien.

Schwarze Diamanten

Gegen Ende November geht alljährlich ein Raunen durch die Provence. In Carpentras, Apt und Richerenches ist es Zeit für die »schwarzen Diamanten«, den »Feenapfel«, den Aphrodite, Hephaistos und Dionysos im Olymp schufen, um ihre Gelüste nach geschmacklicher Perfektion zu befriedigen, wie es heißt. Auf den Märkten duftet es nach Erde, Wald, ein bisschen Aufregung und dem unverwechselbaren Aroma der Pilze. Die Trüffelsaison beginnt. Nach den ersten Frösten werden die Schwarzen Trüffeln *(Tuber melanosporum)* von trainierten Hunden aufgespürt. Die Preise werden in Carpentras ausgehandelt, sicher ist, dass sie zu den Weihnachtsfeiertagen steigen.

Die Produktion ist unregelmäßig: Boden, Klima und Höhenlage beeinflussen den Ertrag und sorgen für jährliche Schwankungen. Zunächst kamen die Trüffeln wild vor. 1808 brachte Joseph Talon, ein Bauer in Saint-Saturnin-d'Apt, gezielt Sporen des Pilzes in das Wurzelwerk einer Eiche ein, und einige Jahre später erntete er Trüffeln. Im Fachjargon nennt man diese Methode heute »Impfen«.

Nach der Reblaus-Krise pflanzten Bauern Trüffeleichen zwischen die dezimierten Reben, denn Trüffeln lieben Wein. Sie bilden sich zwischen Mai und Juli, etwas Regen im August und September hilft dem Wachstum, und zwischen Mitte November und Anfang März sind sie reif. »Iss mich ... und bete Gott an!«, drückte Alexandre Dumas seine Faszination aus.

Schwarze Diamanten – teuer und heiß begehrt: die Tuber Melanosporum, die schwarzen Wintertrüffeln

Über Kräuter und Gewürze

Thymian, der in der Provence *farigoule* heißt, wächst genauso am Wegesrand wie Rosmarin und Bohnenkraut. Alle zusammen machen die Kräuter der Provence aus. So nannten die Großmütter die guten Kräuter, die in der Küche unverzichtbar sind. Im Mai blüht der Thymian zartrosa, der Rosmarin zweimal im Jahr in Weiß bis Tiefblau.

Exklusives Geschmackserlebnis
Kaufen Sie bei einem vertrauenswürdigen Trüffelbauern eine Trüffel und dazu in der Fromagerie einen ganzen Coulombier oder Brie de Meaux. Den Käse schneiden Sie in der Mitte durch, sodass Sie zwei gleich starke Hälften bekommen. Hobeln Sie die Trüffeln und füllen Sie den Käse damit. Zehn Tage in Käsepapier verpackt liegen lassen, damit der Käse mit dem Trüffelaroma durchzieht. Dann steht dem puren Genuss nichts mehr im Weg.

Grillgenuss Legen Sie frische Rosmarinzweige zum Grillgut, der würzige Duft gibt ein wunderbares Aroma.

Blühender Thymian, nicht nur optisch eine Freude

Paul Pettigrew und seine Frau sammeln außerhalb von Lourmarin Kräuter, binden sie zu kleinen Kunstwerken und destillieren ätherische Öle.

Bohnenkraut, französisch *pèbre d'ail* (Eselspfeffer) genannt, wächst mit Vorliebe in der Haute-Provence. Ohne dieses Trio – Rosmarin, Thymian und Bohnenkraut – geht es nicht in der provenzalischen Küche. Fenchel, der am Straßenrand mit großen gelben Blüten wächst, ist mit seinem intensiven Anisduft unverzichtbar zum Grillen von Fisch. Lorbeerblatt komplettiert das traditionelle Bouquet garni.

Lavendel

Was wäre die Provence ohne ihre überbordend violettblau strahlenden Lavendelfelder und deren betörenden Duft? Folgen Sie der Lavendelroute von Mitte Juni bis etwa Anfang August, können Sie mehrere Wochen lang auf unterschiedlich hohen Lagen die Blüte erleben. Rund um Valensole, in der Nähe von Manosque und der Verdonschlucht im Alpes-de-Haute-Provence (04) befinden sich die größten Lavendelfelder. Jährlich ziehen die blühenden Felder Massen an Touristen an. Leider oft so, dass Pflanzen niedergetreten und büschelweise herausgerissen werden und dass rücksichtslos geparkt wird, um das beste Foto zu inszenieren.

Ein Sträußchen Fragen Sie bei den Lavendelbauern, die geben gern etwas ab. Oder kaufen Sie sich ein Sträußchen auf einem der Märkte und würdigen Sie die harte Arbeit.

Lavendelernte für die Kosmetikherstellung

Seit der frühen Antike wird in der Provence Lavendel angebaut und geerntet. Er dient als Heilpflanze und für die Herstellung von Parfüm. So ist die Provence das Zentrum sowohl für den wilden als auch für den kultivierten Lavendel. Der Bedarf an Lavendelölen nimmt noch immer zu, nicht nur für die Parfümindustrie.

Die Heilkraft des Lavendel wird in der Aroma- und Phytotherapie geschätzt, und auch kulinarisch ist echter Lavendel vielfältig einsetzbar. Paul Pettigrew bietet auf seiner Ferme de Gerbaud in Lourmarin Wildkräuterwanderungen an, außerdem Kochworkshops und destillierte ätherische Öle. Seine Frau bindet getrocknete

Bienenstöcke inmitten von Lavendelfeldern

Kräuter und Blumen zu wunderschönen Arrangements.

Honig

Honig ist seit prähistorischer Zeit bekannt. Er wirkt therapeutisch und wurde wegen seines guten Geschmacks schon in der Antike genutzt. Honig ist natürlich und gesund. Jeder Rohhonig hängt von einer bestimmten Honigpflanze ab. In den Alpilles gibt es feinen Honig aus Wildkräutern wie Thymian und Rosmarin, daneben auch aus Wiesenblumen, dazu Lavendel- und Akazienhonig sowie Honig von Esskastanien oder Pinien.

Ohne Honig könnte eine süße Köstlichkeit gar nicht hergestellt werden: Für den Weißen Nougat, eines der 13 traditionellen Weihnachtsdesserts in der Provence, ist Honig die unerlässliche Grundzutat.

Safran

Eine weitere Kostbarkeit wächst, begünstigt durch das Klima, in der Provence: Safran von außergewöhnlich hoher Qualität. Dank der strengen und präzisen Arbeit der Produzenten wird er zur edlen Zutat in der Küche. Für ein Gramm trockenen Safran braucht man 200 Blüten! Mit 0,1 Gramm lässt sich ein Rezept für sechs bis acht Personen zubereiten, zum Beispiel eine *Bouillabaisse*.

Im Jabron-Tal, zehn Kilometer von Sisteron entfernt, liegt die Moulin de Jarjayes auf 600 Metern Höhe. Die umliegenden

Ein Grund, im Herbst ins Jabron-Tal zu reisen: Der Safran blüht.

Felder und Wälder werden von einem Bio-Lammzüchter aus Sisteron genutzt. Der Safran wird ausschließlich nur mit Dung von diesem Hof angereichert. Das Ehepaar Bouchet pflanzt die Zwiebeln im August, im Oktober steht der Safran in voller Blüte, und jeden Morgen werden die Blüten geerntet. Dann werden die Stempel vorsichtig entfernt und langsam dehydriert, damit sie ihre Farbe behalten. Die lilafarbenen Blüten finden in der Kosmetik Verwendung.

Über Brot und Gebäck

Brot ist von jeher ein Grundnahrungsmittel. Das gilt auch für die Provence. Brot steht für die Weitergabe des Lebens. Eine ganze Reihe an typischen Brot- und Gebäckformen symbolisiert den Laib der schwangeren Frau, die das Leben in sich trägt.

Fougasse, Pain d'Aix und *Michette* sind regionale Backwaren, am bekanntesten sicher die *Fougasse,* ein flaches Brot, das je nach Region in unterschiedlichen Formen zu finden ist, die manchmal auch an Pizza erinnern. Es ist mal süß, mal herzhaft, meist mit Oliven, Speck, Sardellen oder Käse.

Mitron Bakery   Mauro Colagreco, ein begnadeter Sternekoch, betreibt in Menton und Monaco Bäckereien, die nachhaltig und ökologisch verträglich wirtschaften und in denen ausschließlich alte Weizensorten wie Pétanielle de Nice oder Amidonnier Rouge verwendet werden.

Die Pissaladière

Die *Pissaladière* gilt als eine Cousine der Pizza. Sie wird aus Brotteig hergestellt und enthält traditionell keine Tomate im Belag. Sie wird mit einem Zwiebelkompott bedeckt, dazu kommt *Pissalat* – eine Sauce aus

Zum Verwechseln ähnlich: Der Gibassier hat deutliche Gemeinsamkeiten mit der Fougasse

Anchovis und schwarzen Oliven, am besten aus Nizza.

Süßes, nicht nur zum Dessert

Allein wegen der 13 traditionellen Desserts, die den Tisch zu Weihnachten füllen, ist die Provence reich an Gebäck. *Calissons d'Aix,* ein Gebäck aus Mandelpaste und kandierten Melonen in Form eines kleinen Bootes auf einer Oblate. *Oreillettes* aus in Öl frittiertem Teig und die *Pompe à l'huile,* ein Gebäck mit Unmengen an Olivenöl, werden beide zusätzlich mit Orangenblütenwasser aromatisiert.

La Maison du Gibassier In Lourmarin backt Stéphane Riquier auch den *Gibassier,* ein süßes Sandgebäck, dessen Form an die *Fougasse* erinnert und das in Olivenöl fast badet.

Fehlen darf keinesfalls die berühmte *Tarte Tropézienne,* eine Torte aus Briocheteig, gefüllt mit Gebäckcreme. Sie wurde zu Ehren der Schauspielerin Brigitte Bardot kreiert und hat Saint-Tropez zu einigem Ruhm und reichlich Jetset-Besuchern verholfen.

Über Ess- und Trinkgewohnheiten

Alles beginnt mit dem Apéritif

Zu einem guten Apéritif gehört eine *Tapenade,* ein Aufstrich, zubereitet aus zerkleinerten Oliven, Sardellen und natürlich *tapenos* (provenzalisch für Kapern).Der Apéritif läutet den Vorabend ein und ist die beste Möglichkeit, miteinander eine gute Zeit zu haben. Sind Sie eingeladen, bringen Sie eine Kleinigkeit mit – Nüsse, ein paar Oliven, Knabbereien oder, etwas aufwendiger, ein selbstgemachtes Gebäck. Der Sonntag ist und bleibt heilig, er gehört ganz der Familie. Es wird opulent miteinander gespeist und Zeit verbracht.

Nichts geht ohne den Apéritif: Pastis und eine Schale Oliven.

Wie ein Apéritif funktioniert Der klassische Apéritif dauert nicht viel länger als eine Stunde und endet vor dem Abendessen, es sei denn, Sie sind auch dazu eingeladen. Der *Apéritif dînatoire* ist die Erweiterung. Dann gibt es kleine Häppchen über den Abend verteilt und man sitzt gut zwei, drei Stunden zusammen.

Eine gute Zeit miteinander haben

Natürlich gibt es noch immer Etikette-Trainer, die Ihnen zeigen, wie man das offizielle Protokoll zu einem gastronomischen Mahl befolgt. Sind Sie nicht gerade in Monaco bei der Grimaldi-Familie geladen, können Sie sich entspannt zurücklehnen. Auch in der Provence liebt man es, zum Essen auszugehen, meistens lässig, entspannt und unprätentiös. Wert auf Höflichkeit wird indes immer gelegt. Warten Sie am Eingang des Restaurants oder Bistros, bis Sie einen Tisch angeboten bekommen, grüßen Sie freundlich und reservieren Sie am besten vorher.

Alltägliches genießen

Sind Sie sich nicht ganz sicher bei der Auswahl von Speisen, nehmen Sie bei kleinem Hunger den Tagesteller *Plat du Jour,* ansonsten auch ein Mittagsmenü, das *Menu du Jour,* mit Vorspeise, Hauptgang und Dessert. Bestellen Sie sich am Tisch eine Flasche Wein, dann können Sie diese auch mitnehmen, falls Sie sie nicht leeren. Ansonsten fragen

In Avignon begrüßt Pascal Barnouin, Maître Cuisinier de France und Disciple d'Escoffier, seine Gäste im Maison de la Tour. Nicht nur zum Essen, auch Kochkurse sind möglich.

Sie nach dem Hauswein, der in einem *pichet* kommt, einem kleinen Krug. Oder fragen Sie nach einer *démi-bouteille* mit einer Füllmenge von 0,375 ml.

Haute Cuisine für den Alltag Viele Restaurants mit Michelin-Sternen bieten mittags günstigere Menüs an. Eine gute Gelegenheit, sich einmal heranzutasten und den Geldbeutel für andere schöne Dinge zu schonen.

Nachmittags bekommen die Kinder ein *Goûter*, ein süßes Stück für den kleinen Appetit, meist Gebäck.

Ganz nah dran sein

Als Alternative zum Restaurantbesuch bietet sich die Übernachtung in einem *Chambre d'hôtes* an, einem privaten Gästezimmer. Denn hier werden Sie von Ihren Gastgebern teilweise noch auf traditionelle Weise bewirtet.

Beim Essen, das oft als *Table d'hôtes* angeboten wird und bei dem es meistens drei Gänge am Abend gibt, geht es nicht nur um die gute Küche der Provence. Hier geht es um persönlichen Kontakt, man teilt Geschichten und Erfahrungen und genießt eine herzliche Atmosphäre am Familientisch.

Wollen Sie noch tiefer in die lokale Küche und Kochkunst eintauchen, besuchen Sie regionale Feste und Messen für Bioerzeugnisse und handwerklich hergestellte Lebensmittel wie zum Beispiel *Foire Bio* oder *Salon artisan*. Dort können Sie sich durch alle Produkte und Spezialitäten probieren. Aktuelle Informationen dazu finden Sie in den Tourismusbüros vor Ort oder Sie halten die Augen nach entsprechenden Plakaten auf. Ansonsten fragen Sie bei Ihrem Markteinkauf die lokalen Produzenten.

Wenn Sie sich trauen, besuchen Sie einen Kochkurs, vielleicht in einem Restaurant, das Ihnen gut gefallen hat. Viele Köche bieten in sogenannten *Cours de Cuisine* Kurse für jeden Wissensstand an.

Küchen-Know-how

Nützliches für die heimische Küche

Für die herrlichen Schmortopfgerichte der Provence wie *Daube, Gardiane* oder *Pot-au-feu*, die langsam und gemächlich garen wollen, lohnt die Anschaffung einer veritablen *Cocotte*. Es ist eine Investition auf lange Zeit, in der Provence werden die gusseisernen Bräter und Töpfe oft sogar vererbt. Produkte namhafter Anbieter wie Le Creuset oder Staub erhalten Sie im guten Fachhandel, lohnenswert sind mitunter die Fabrikverkäufe. In Frankreich bekommt man die *Cocottes* zu annehmbaren Preisen auch von Emile Henry oder Fontignac.

Mögen Sie Austern, gönnen Sie sich ein entsprechendes Messer. Ihre Hände und erst recht die Austern werden es Ihnen danken. Gleiches gilt für die Zubereitung des *Aïoli*, ohne den es in der Provence nicht geht. Kaufen Sie sich einen Mörser und Stößel aus schwerem Olivenholz, am besten direkt in einer Ölmühle. Die Produzenten wissen um die Qualität und Sie erhalten Ware, die in Südfrankreich produziert wurde.

Ein hübsch gedeckter Tisch ist eine Wertschätzung für Ihre Gäste und auch für Sie selbst. Bringen Sie sich Servietten oder Tischdecken aus der Provence mit. Im Maison Empereur in Marseille finden sie derbes Leinen, auch als Meterware, dazu allerhand Dekoratives. Gefallen Ihnen die farbenfrohen Muster der Camargue, erhalten Sie bei Les Indiennes de Nîmes feine Platzsets, Servietten und Tischdecken.

Marseille – kosmopolitische Food City

In Marseille ist die Küche so provenzalisch wie weltoffen, so traditionell wie modern. Ob bei einem einfachen, schmackhaften *Plat du Jour* in einer der vielen Épicerien, bei *Panisse* und *Chichi Frégi* an einer der Cabanons am Meer nach einem sonnigen Tag oder bei einer klassischen *Bouillabaisse* als Teil einer opulenten Menüfolge, zum Beispiel mit fünfundzwanzig Kompositionen im Drei-Sterne-Restaurant AM von Alexandre Mazzia. Während eines aromatischen Bummels über den Marché des Capucins, dem Bauch von Marseille, nimmt man direkt einen Snack. Und ein Marseille-Besuch darf keinesfalls enden, ohne eine richtig gute Pizza genossen zu haben.

In Marseille wird man vom Essen gefunden und kann aus dem Vollen schöpfen – Restaurants, Bistros, Bäckereien, Pâtisserien und Märkte, egal, ob althergebracht und ursprünglich oder supermodern, jung und hip – in Marseille darf alles einen Platz haben.

Allez, auf geht's, ein Stück Marseille kosten!

*I*n Frankreich sagt man, Marseille ziehe einen entweder in den Bann oder man würde nicht miteinander warm werden. Dazwischen bliebe nichts. Zumindest kulinarisch macht es einem der Schmelztiegel der Kulturen und der Küchen leicht, sich vereinnahmen und verführen zu lassen. Massalia, wie die Stadt in der Antike genannt wurde, ist eine Wiege der kulinarischen Geschmacksvielfalt.

Südfranzösische Lebensart: Picknick auf dem Boot im Hafen von Marseille

Stadtviertel

Was könnte schöner sein, als eine Stadt kulinarisch zu erkunden? Nehmen Sie sich ein langes Wochenende und entdecken Sie die vielen innerstädtischen Quartiere am besten zu Fuß. Das ist unkompliziert und Sie können große Boulevards und kleine Gassen entdecken, die Architektur bewundern. Und dabei stoppen Sie immer wieder für einen Happen Marseille auf dem Teller.

Entspannt wird es, wenn Sie bereits vor Ihrem Besuch Plätze in Restaurants Ihrer Wahl reservieren. Oft ist das auch online auf den Webseiten der Restaurants möglich, falls es Ihnen nicht so leichtfällt, telefonisch einen Tisch zu buchen. Marseille ist jung und kosmopolitisch, und in vielen Bistros, Cafés und Restaurants wird Englisch gesprochen.

Vieux Port

Der Vieux Port, der alte Hafen, ist neben der Kathedrale Notre-Dame de la Garde, die Marseille bewacht, das Wahrzeichen der

Pastis kauft man am besten in der Maison de Pastis und lässt sich vor Ort gut beraten.

Stadt. Täglich findet der Fischmarkt zwischen 8 und 13 Uhr statt. Gehen Sie schon zwischen 7 und 7.30 Uhr hin, dann sind Sie nicht mit zu vielen anderen unterwegs. Unbenommen ist das der touristischste Teil von Marseille, und in der Saison, die hier zeitig im Jahr beginnt, hoffnungslos überlaufen. Hohe Preise und eine nicht zufriedenstellende Qualität der Speisen und des Service sind leider häufig. Gehen Sie einfach auf ein Glas Rosé oder einen Pastis hin, der hier als *Pastaga* oder *Fly* bestellt wird, bestaunen Sie die Boote und genießen Sie das Lebensgefühl.

Für etwa 60 Euro isst man eine wirklich gute *Bouillabaisse* im alteingesessenen Le Miramar; die Qualität der Fische stimmt, und der Service ist aufmerksam. Auf dem Weg zur Maison du Pastis schlecken Sie ein Eis bei The Marseiller – besonders köstlich das Lavendeleis mit Honig aus den Alpen, Crème de Marron aus Esskastanien oder im Sommer ein erfrischendes Tomaten-Pesto-Eis.

In der Maison du Pastis bietet Frédéric Bernard 75 verschiedene Pastis und Absinthe an, dazu sehr schöne Krüge, Gläser und

Eine Kugel Vanille-Eis ganz in Schwarz: unbedingt probieren

Blick vom Mucem

alles, was man für einen launigen Apéritif brauchen kann. Verzichten Sie auf Produkte der Big Player und entscheiden Sie sich für die Hausmarken.

Vom Mucem nach L'Estaque

2013 war Marseille Kulturhauptstadt Europas. Am 7. Juni wurde das Mucem (Musée des Civilisations de l'Europe et de la Méditerranée), das Museum der Zivilisationen Europas und des Mittelmeers, am Vieux Port eröffnet. Im Museum hat der Sternekoch Gérald Passedat, dessen Restaurant Petit Nice feinste Mittelmeerküche in edelstem Ambiente verspricht, einen Raum der Gastlichkeit geschaffen, der sich mit den wechselnden Ausstellungen harmonisch ergänzt.

Le Môle Passedat im Mucem überzeugt vierfach – ein Restaurant mit Panoramablick von der Terrasse auf dem Dach des Museums, ein Bistro, das Variationen von Mezze serviert, ein Café für traditionelle provenzalische Küche im zum Museum gehörenden Fort Saint-Jean und eine Kochschule mit mediterranem Küchengarten.

Ein Kontrastprogramm gibt es im L'Estaque, einem Vororthafen, 16 Kilometer vom Vieux Port entfernt. Herrschaftliche Villen wechseln sich mit alten Fischerbooten ab, und bei Magali macht man halt für *Panisse* und *Chichi Frégi*.

Castellane

Hier zeigen sich Marseille und seine Küche besonders jung, aufgeschlossen und zukunftsweisend und wie eine gute Stube bei der Familie. Für eine der besten Pizzen in Marseille geht man zu La Bonne Mère und reserviert in jedem Fall. Es gibt nur zwanzig Plätze im winzigen Gastraum, dafür umso mehr Herz und Leidenschaft.

Aus einer alten Metzgerei wurde ein Bistro. Laëtitia Visse eröffnete ihr La Femme du Boucher 2020 und ist mit ihrem Sechzig-Plätze-Restaurant bereits eine echte Instanz. Die alten Fliesen der Metzgerei hat sie gelassen, vom Gastraum schaut man dem Treiben in der offenen Küche zu oder genießt im Sommer die angenehme Kühle im grünen Patio. Hier geht man hin, wenn es gutes Fleisch geben soll, und es gibt alles: Entrecôte, *saucisse,* Terrinen, Kalbskopfsülze oder Kalbsbries.

In der Mikro-Brasserie Zoumaï (in provenzalischer Sprache bedeutet *zou* »los

Streetart im Panier Viertel

getarischen Burgern, mit *Fougasse* und mit *Clafoutis* mit sonnenverwöhnten Aprikosen.

Die Terrasse vom Le Clan des Cigales ist ein guter Platz, um die Vorbeiflanierenden zu beobachten. Nach einem Pastis gibt's ein veritables *Aïoli,* frischen Mesclun-Salat mit *Panisse* oder eine Fischsuppe.

Noailles und die Rue d'Aubagne

Über die Canebière, die historische Hauptstraße in Marseille, geht es in Richtung Noailles. Der Boulevard ist mit seinen vielen Schnellrestaurants nicht der einladendste Ort. Aber einen Stopp in der Pâtisserie Plauchut, der ältesten von Marseille, sollten Sie einlegen. Bestellen Sie sich einige *Calissons* und trinken Sie im Salon de Thé einen Kaffee oder einen Tee. Mögen Sie es eher herzhaft, dann wartet seit 2020 die Fromagerie Froumaï mit sechzig Käsesorten auf Sie. Vegetarische Küche in sehr guter Bio-Qualität gibt es im Restaurant Le Grain de Sable in der Rue Du Baignoir, im Dreieck von Belsunce, Noailles und Canebière.

Rund um die Rue d'Aubagne und das alte Arbeiterviertel hat sich eine besondere kulinarische Subkultur entwickelt. Man könnte sich hier ohne Anstrengung mehre-

geht's« und *maï* »noch mal«) nimmt man eins der Bio-Biere vom Zapfhahn und lässt sich anschließend eine Führung geben.

Unwiderstehlich lacht einen in der veganen Pâtisserie Oh Faon! die *Startelette* an, eine kleine Zitronentarte, die wie ein Sorbet erfrischt. Jérôme und Kevin haben ihre Jobs im Filmbusiness und Marketing aufgegeben und widmen sich nun der süßen Seite des Lebens.

Le Panier

Das Panier-Viertel auf einem Hügel hinter dem Rathaus ist der älteste besiedelte Teil von Marseille. In einer alten Bäckerei hat ein junges Paar eine *Dinette,* eine Essecke, eröffnet. Die Maison Geney erwartet einen mit fantastisch frischen, dick gefüllten ve-

re Tage lang aufhalten. Das beste Couscous gibt's bei La Fémina. Im Le Souk de Nour d'Egypte schaut man sich während des Essens an, welche Bücher, Gewürze und Dekorationsartikel noch Platz im Gepäck finden könnten. Die Épicerie l'Idéal von Julia Sammut ist immer voll, das Warten auf ein *Pan Bagnat* mit *Socca Chips* lohnt sich – die hauchdünn ausgebackenen Cracker aus Kichererbsenmehl sind so viel besser im Geschmack als einfache Kartoffelchips!

Die drei Restaurant-Nomaden Henry Cummins, Laura Vidal und Julia Mitton reisten durch die Restaurants und Weinbars dieser Welt und haben mit La Mercerie ein Neo-Bistro geschaffen, das bereits mehrfach ausgezeichnet wurde. Cool sitzt man an der Bar, schaut den Köchen zu, trinkt ein Glas von Lauras Naturweinempfehlung auf der Terrasse oder kommt von Donnerstag bis Montag abends für das Menü »Feed me« – eine Fünf-Gänge-Überraschung für 55 Euro. Unkomplizierte Gastlichkeit für jeden.

Longchamp

Die Casa Consolat ist eine *Cantine Participative:* Freiwillige kochen hier täglich ein Gericht, auf vorherige Anmeldung kocht man einfach mit. Das muss man aber nicht, man kann auch einfach kommen und gemeinsam essen.

Im süßen Universum von Bricoleurs de Douceurs möchte man sich mit einem Emannuel Marron mit Esskastaniencreme oder einer Britney's Pear, einem Kuchen mit Birnen und Mandeln, einschließen lassen. Kunstvoll sind die Kreationen und witzig die Namen der Köstlichkeiten, die Aurélie und Clément zaubern.

Eines der Stadtviertel von Marseille, ein Stück entfernt vom Zentrum: Les Goudes

Wer immer noch nicht genug hat, geht auf ein Stück *Pissaladière* ins Les Eaux de Mars in der Nähe des Palais Longchamp. Und kauft sein Brot im Anschluss in der Le Bar à Pain, wo man gleich noch auf ein Glas Bier und ein gutes Gespräch bleibt. Die großen Brotlaibe (gern zwischen 4,5 und 7 kg) werden im Ganzen verkauft, oft an Restaurants, zunehmend auch an Familien für einen Brotvorrat für das Wochenende.

Quick Tipps

- Ins Viertel Les Goudes, 12 km vom Vieux Port entfernt, zum König des Fischs Christian Qui in sein *Table d'hôtes*. Öffnungszeiten und wann es Fisch gibt über Social Media wie Facebook anfragen
- Ins Ourea für eine schmackhafte Gemüseküche in einem frischen, aufgeräumten Ambiente
- In der La Fabriquerie aus unzähligen Gerichten auswählen und für ein Picknick mitnehmen

Zum guten Schluss

Flüsterkneipenfeeling gefällig? Dann buchen Sie sich einen Abend in der Bar Carry Nation von Guillaume Ferroni, dem Papst hochprozentiger Getränke wie Absinth, Gin, Rum, Pastis und richtig guter Cocktails. Nur auf Voranmeldung über die Website erfährt man den geheimen Ort für einen unvergesslichen Abend mit Speakeasy-Flair der 1920er-Jahre.

Mitbringsel für zu Hause

Im Maison Empereur, der ältesten Eisenwarenhandlung Frankreichs, schwelgt man in alten Zeiten, und das nicht nur, wenn man

Ratafia, ein Liqueur, in dem Guillaume Ferroni die besten Aromen aus roten Früchten wie Kirschen, Sauerkirschen und Himbeeren mit warmen Gewürzen verbindet.

Werkzeuge und gute Tischwäsche sucht. Nehmen Sie sich genügend Zeit zum Stöbern und kaufen Sie mindestens eine in altem Design verpackte Mélange d'Épices Rabelais, eine schmackhafte Mischung aus Gewürzen und Aromen der Provence, Afrika und Asien.

L'Espérantine bietet hausgemachte Schokolade in allerfeinster Qualität mit bestem Olivenöl aus der Provence, alles liebevoll in die Form von Olivenblättern und Oliven gegossen.

Provenzalische Produkte und echte Marseiller Seife von den verliebenen Manufakturen (z. B. Marius Fabre) kaufen Sie bei Made in Méditerannée im Viertel la Joliette an den Les Terrasses du Port. Eine Besichtigung der Seifenherstellung mit Einkauf ist bei Fer à Cheval im Chemin de Sainte-Marthe möglich. Echte Marseiller Seife ist traditionell nur naturfarben oder olivgrün, keinesfalls bunt.

Santons Arterra ist eine der Adressen für die wunderschönen von Hand hergestellten und bemalten traditionellen Krippenfiguren.

Märkte und Treffpunkte für Genießer

Allein über die Märkte der großen Region ließe sich ein ganzes Buch füllen. Eine Auswahl der schönsten Märkte in den Départements finden Sie im Anschluss. Ansonsten fragen Sie nach einer Übersicht im örtlichen Tourismusbüro. Täglich finden Märkte statt, ob in den großen Städten oder in den kleinen Dörfern. Zunehmend werden Bio-Produkte angeboten, oft auch schönes Kunsthandwerk, fernab von Kitsch und Billigware aus Fernost.

Sommer und Winter – besondere Märkte im Jahreslauf

Im Sommer sind die Nachtmärkte, die *Marchés nocturnes,* eine Gelegenheit, zwischen Einkauf und Volksfest zu schwelgen. Nach der Hitze des Tages werden die Marktstände aufgebaut, lange Tische und Bänke hingestellt, und nach dem Einkauf bleibt man zusammensitzen. Auf vielen Märkten versorgen Foodtrucks die Gäste, oder man genießt etwas von den eingekauften Köstlichkeiten. Winzer schenken Wein aus, und oft gibt es Musik und Tanz dazu. Architektonisch sind viele der alten *Marchés couverts* eine Augenweide. Abgesehen davon spenden die oft *Les Halles* genannten Markthallen im Sommer Schatten.

Undenkbar wäre die Provence ohne ihre winterlichen Trüffelmärkte. Richerenches und Carpentras sind federführend, hier werden die Preise ausgehandelt.

Auch Weihnachtsmärkte, die *Marchés de Noël,* erwarten die Besucher. Bezaubernd und eine gute Möglichkeit, Geschenke zu finden, ist der Marché au Santon et à la Céramique in Aubagne.

Im Leben der Menschen in der Provence nimmt der Gang zum Markt einen besonderen Platz ein. Der Markt ist nicht nur der Ort, um für die wöchentlichen Mahlzeiten einzukaufen, er ist das Leben an sich. An den Marktständen sorgfältig auswählen, ein kurzes Gespräch mit den Verkäufern oder mit Nachbarn, die ebenfalls in der Schlange stehen, ein gemeinsamer Apéritif, nachdem der Korb gefüllt wurde – all das gehört zum Savoir-vivre, zum Wissen, wie ein gutes Leben geht.

Département Alpes-de-Haute-Provence (04)
Hauptstadt Digne-les-Bains

♀ Banon ▪ **Marché provençal** ★
Seit 1515 gibt es diesen Markt im kleinen Örtchen Banon. So reizend er ist, so voll ist er, besonders im Sommer. Kommen Sie frühzeitig.
✉ Place de la République, 04150 Banon
🕐 Mittwoch 8–12:30 Uhr 🅿 Im Ort, zu Markttagen sehr voll ℹ im Sommer auch in den Straßen von Banon

♀ Château-Arnoux-Saint-Auban ▪
Marché Bio Ausschließlich Bio-Erzeugnisse lokaler Produzenten gibt es immer donnerstags am Nachmittag in dem kleinen Örtchen. Übersichtlich und ruhig, wenn man nicht so viel Trubel mag.
✉ Place de la Résistance, 04160 Château-Arnoux-Saint-Auban
🕐 Donnerstag 14:30–17 Uhr 🅿 Im Ort

♀ Forcalquier ▪ **Marché coopératif agricole Unis-Verts-Paysans** Ein Geschäft lokaler Produzenten, das als Genossenschaft geführt wird und vormittags und nachmittags geöffnet ist.
✉ 5 Av. de Verdun, 04300 Forcalquier
🕐 Montag–Samstag 9-12:30 und 15–19 Uhr
🅿 Vor dem Geschäft

♀ Sisteron ▪ **Marché provençal** An etwa hundert Ständen werden Fleisch- und Wurstwaren, Fisch und Meeresfrüchte, Obst und Gemüse, Blumen und Pflanzen sowie Kleidung, Gebrauchsgegenstände, Möbel und Spielzeug angeboten.
✉ Place de l'Horloge, Place Paul Arène und Place du Docteur Robert, 04200 Sisteron
🕐 Mittwoch 8–13 Uhr, Juli und August auch Samstag 🅿 Im Ort

Département Hautes-Alpes (05)
Hauptstadt Gap

📍 **Briançon** ▪ **Marché de Briançon** Ein besonders schöner Biomarkt im Alpenstädtchen, ab 2021 auch ein überdachter Markt in der Rue Général Colaud.
✉ Av. du 159 RIA et place de l'Europe, 05100 Briançon 🕐 Ganzjährig Mittwochvormittag, im Sommer auch Sonntagvormittag 🅿 Im Ort

📍 **Chorges** ▪ **Marché Hebdomadaire** ⭐
Einer der schönsten Sonntagsmärkte der Gegend im pittoresken Dörchen.

Im Sommer findet in Chorges auch ein Töpfermarkt statt.
✉ Grand Rue, Avenue de la Gare, 05230 Chorges 🕐 Sonntag 8–13 Uhr 🅿 Im Ort

📍 **Veynes** ▪ **Marché de Veynes** Auf dem Biomarkt donnerstags bekommt man die besten Produkte der Alpenregion.
✉ Place de la République, 05400 Veynes 🕐 Donnerstag 8–13 Uhr 🅿 Im Ort

Département Alpes-Maritimes (06)
Hauptstadt Nizza

📍 **Antibes-Juan-Les-Pins** ▪ **Le Marché provençal d'Antibes** Der provenzalische Markt findet täglich (außer montags) morgens statt, ein Markt mit Kunsthandwerk freitags und sonntags nachmittags. In der Saison ist es voll.
✉ Cours Masséna, 06600 Antibes-Juan-Les-Pins 🕐 Täglich, außer Montag, 6–13 Uhr 🅿 Im Ort

📍 **Cannes** ▪ **Le Marché Forville** ⭐
Der historische, überdachte Markt befindet sich im Altstadtviertel Suquet und ist für die Einheimischen eine Institution. An fünfzig Ständen gibt es sowohl Obst, Gemüse und Blumen als auch Fisch. In den kleinen Bars um den Markt herum isst man Tapas nach dem Einkauf.
✉ 6 Rue du Marché Forville, 06400 Cannes 🕐 Dienstag bis Sonntag 7:30–13:30 Uhr 🅿 Parking Suquet Forville

📍 **Menton** ▪ **Les Halles** ⭐ In der Markthalle am Meer lässt es sich herrlich bummeln. Etwa dreißig Händler bieten ihre Waren an, montags ein paar weniger.
✉ Quai de Monléon, 06500 Menton 🕐 Täglich 8–13 Uhr 🅿 Parking Hôtel de Ville ℹ Für Rollstuhlfahrer geeignet

📍 **Nizza** ▪ **Le Marché du Cours Saleya**
Cours Saleya ist einer der beliebtesten Orte in Nizza, in der Altstadt gelegen. Kommen Sie für lokale Produkte, ein Stück *Socca* und den Blumenmarkt, der vom Conseil National des Arts Culinaires zu den außergewöhnlichen Märkten Frankreichs gezählt wird.
✉ Vieux-Nice, Cours Saleya, 06300 Nizza 🕐 Außer Montag täglich 6–13:30 Uhr 🅿 Parking Indigo Saleya

Département Bouches-du-Rhône (13)
Hauptstadt Marseille

📍 **Aix-en-Provence** ▪ **Place Richelme**
Täglich bieten hier kleine lokale Produzenten ihre Erzeugnisse an. Besuchen Sie auch die anderen Märkte, eine Übersicht stellt die Stadt regelmäßig zusammen.
✉ Place Richelme, 13090 Aix-en-Provence
🕐 Täglich vormittags
🅿 Parking des Cardeurs

📍 **Aubagne** ▪ **Marché Primeurs** ★
An den Wochenenden ist dies der Platz, wo man sich trifft. Viele Erzeuger werden unter der Marke Jardins des Pays d'Aubagne zusammengefasst. Es stehen kostenlos Schließfächer zur Verfügung.
✉ Cours Voltaire, 13400 Aubagne 🕐 An den Wochenenden 8–13 Uhr 🅿 Q Park Voltaire

📍 **Arles** ▪ **Marché d'Arles** ★ Alles, was das Herz begehrt, aus der Provence und speziell der Camargue gibt es hier. Die meisten Produkte sind in Bio-Qualität, die Erzeuger kommen alle aus dem Umkreis von Arles. Mittwochs findet der Markt auf dem Boulevard Emile Combes statt, da treffen sich die Einheimischen.
✉ Boulevard des Lices und Boulevard Clémenceau, 13200 Arles 🕐 Samstag 8–12:45 Uhr 🅿 Parking des Lices

📍 **Marseille** ▪ **Marché des Capucins** ★
Der Markt, auch Marché Noailles genannt, ist der Bauch von Marseille und ein herrlicher Ausganspunkt für einen Streifzug durch das Viertel. Der Markt wurde 2018 aufwendig renoviert.
✉ 5 Rue du Marché des Capucins, 13001 Marseille 🕐 Montag bis Samstag 8–13 Uhr 🅿 Parking Central Bourse 🇭 Metrostation Noailles

📍 **Saint-Rémy-de-Provence** ▪ **Grand Marché provençal** Ein wunderschöner lebhafter Markt, der im Sommer sehr gut besucht ist. Während der Féria, des Sommerfestes, kann es vorkommen, dass der Markttag verschoben wird.
✉ Place Jules Pellissier, 13210 Saint-Rémy-de-Provence 🕐 Mittwoch 8:30–12:30 Uhr 🅿 Place de la République

Département Var (83)
Hauptstadt Toulon

📍 **Bandol** ▪ **Le Grand Marché** Strandnah an der Hauptpromenade, rund um den Hafen von Bandol findet mittwochs der große Markt statt. Gehen Sie frühzeitig hin, dann können Sie frischen Fisch direkt vom Boot kaufen. Im Sommer gibt es täglich einen Nachtmarkt.
✉ Quai principal du Port, 83150 Bandol

🕐 Dienstag 8–12:30 Uhr 🅿 Parking Quai Charles de Gaulle

📍 **Hyères** ▪ **Le Marché Paysan** Ein kleiner Markt mit ausschließlich lokalen Produzenten, parallel findet am gleichen Ort immer samstags der Grand Marché des Îles d'Or mit mehr als hundert Ständen statt.

✉ Avenue Gambetta, 83400 Hyères
🕐 Mitte Ende April bis Oktober: Dienstag,
Donnerstag, Samstag 7–12 Uhr,
Ende Oktober bis Mitte April:
Dienstag, Samstag 7–12 Uhr
🅿 Parking Gambetta

📍 **Saint-Tropez** ▪ **Le Marché de Saint-Tropez** ⭐ Auf dem alten Platanenplatz im Herzen der Stadt kauft man am besten zeitig am Morgen ein und gönnt sich im Anschluss ein Stück *Tarte Tropézienne* im Stammhaus am Platz.
✉ Place des Lices, 83990 Saint-Tropez
🕐 Dienstag und Samstag 8–13 Uhr
🅿 Parc des Lices

📍 **Sanary-sur-Mer** ▪ **Le Grand Marché** ⭐
Feinkost, frischer Fisch, *Calissons,* ausgezeichnetes Obst und Gemüse – an über dreihundert Ständen entlang der Platanen und dem Hafen findet man ein Schlemmerparadies, das 2018 als schönster Markt Frankreichs ausge-zeichnet wurde. Im Sommer gibt es einen täglichen Nachtmarkt.
✉ Boulevard d'Estienne d'Orves et Place de la Tour, 83110 Sanary-sur-Mer   🕐 Mittwoch 8–13 Uhr   🅿 Parking Les Picotières   ℹ Kostenlos parken am Marché des Producteurs am Bahnhof und mit dem kostenlosen Shuttle zum Markt fahren

📍 **Toulon** ▪ **Cours Lafayette** ⭐
Bereits Gilbert Bécaud, Sohn der Stadt, sang über den wunderschönen Markt. Hier geht es kosmopolitisch zu. Probieren Sie auf dem Markt lokales Fastfood wie *Cade,* ein Fladengebäck aus Kichererbsenmehl, oder *Chichi Fregi.* Danach lassen Sie sich von der aufwendig restaurierten Biltoki-Markthalle im Art-Déco-Stil beeindrucken und nehmen auf der Dachterrasse mit grandiosem Blick über die Stadt einen hausgerösteten Kaffee.
✉ Cours Lafayette, Rue Paul Lendrin, 83000 Toulon   🕐 Dienstag bis Sonntag 7:30–12:30 Uhr   🅿 Q-Park Lafayette

Tomaten in Hülle und Fülle: Warten Sie auf deren Hochsaison im Juli und August für den besten Geschmack

Département Vaucluse (84) Hauptstadt Avignon

📍 Avignon ▪ **Marché des Halles** ⭐
In den Markthallen von Avignon kauft man bei mehr als vierzig Händlern allerfeinste provenzalische Erzeugnisse. An den *Buvettes* nimmt man ein Glas Wein und lässt sich etwas *Charcuterie* aufschneiden. Eine Übersicht aller Händler hilft: www.avignon-leshalles. com/les-commercants Sehenswert ist die bepflanzte Nordwand des Botanikers Patrick Blanc.
✉ Place Pie, 84000 Avignon 🕐 Dienstag bis Sonntag 6:30–13:30 Uhr 🅿 Parking les Halles direkt unter der Halle

📍 Coustellet ▪ **Marché Paysan de Coustellet** ⭐ Ein Bauernmarkt, auf dem einem die Augen übergehen. Der Parc Naturel Régional du Luberon hat ihn mit dem Qualitätssiegel Le Marché Paysan ausgezeichnet. Der Markt ist der Treffpunkt für den Sonntag.
✉ Place du Marché, 84660 Maubec 🕐 Sonntag 8–13 Uhr 🅿 Im Ort

📍 Lourmarin ▪ **Marché de Lourmarin** ⭐
Nehmen Sie sich ausreichend Zeit für den Markt und das Dorf. Ordentlich voll ist es im Sommer, deshalb kommen Sie zeitig am Morgen.
✉ Im Ort 🕐 Freitag 8–13 Uhr 🅿 einige Parkplätze am Ortsrand

📍 Pertuis ▪ **Marché de Pertuis** Nahezu hundert Stände durchziehen den Ort. Lokale Produzenten finden Sie in der Rue Voltaire, unter anderem auch für lokales Bier.
✉ Place Jean Jaurès, Place du 4 septembre, Place Mirabeau, Cours de la République, Boulevard Jules Granier, Rue Voltaire, 84120 Pertuis 🕐 Freitag 8–12:30 Uhr 🅿 Im Ort

Märkte

Fisch, Fleisch und mehr

Bestes vom Land und aus dem Meer – die Kraft einer
intensiven Daube schmecken, sich Inspiration für
den nächsten Käseteller holen, die salzige Frische
von Fisch und Meeresfrüchten genießen

Bouillabaisse

Die Königin der Suppen

Der Ursprung

W ie sollte es anders sein, auch für dieses so typische Gericht der Côte d'Azur existieren verschiedene Geschichten zum Ursprung. Eine geht davon aus, dass die Äbtissin eines nahegelegenen Konvents freitags Fisch auf dem kärglichen Tisch haben wollte. So konnten kleine Fische und Karkassen in die Suppe wandern, und dem sparsamen Freitagsmahl war Genüge getan.

Schaut man sich die provenzalischen Worte *bouï* und *abaisso* an, scheint der Name nichts anders zu bedeuten als »kochen« und »das Feuer reduzieren«. Der Gastronomie-Chroniker Ribaut geht davon aus, dass mit *abaisso* gemeint ist, dass eine Bouillon mit kleinen Fischen reduziert, also eingekocht wird, um im Anschluss die im Ganzen belassenen und schon immer teuren Fische hinzuzufügen. Genau so sind die Fischer am Hafen vorgegangen. Der Fang war eingebracht, die kleinen Fische ließen sich nicht gut aufbewahren und meistens auch nicht verkaufen und wurden deshalb zur Bouillabaisse verarbeitet, und zwar am Strand, mit Meerwasser. Während die Netze entknotet wurden, kamen die kleinen Fische in einen Topf, die Suppe köchelte mit Fenchelkraut, Zwiebeln, Knoblauch und Tomaten vor sich hin und wurde dann von der Familie verspeist.

Was eine gute Bouillabaisse Marseillaise ausmacht

Heutzutage ist es mitunter schwer, eine gute von einer zwar teuren, aber eher minderwertigen *Bouillabaisse* zu unterscheiden. In Marseille verlässt man dafür besser die Gegend um den alten Hafen Vieux Port oder aber geht ins Restaurant Miramar. Dort ist es teuer, aber die Qualität hervorragend. Über den manchmal etwas näselnden Service darf man hinwegsehen. Edle Fische haben ihren Preis, sie sind ein Qualitätsprodukt.

Frisch, frischer, am frischesten lautet eine der Grundregeln. Hinzu kommen die Vielfalt und die Menge an Fisch. Will man einen exzellenten Fond bekommen, braucht man gute Grundzutaten. In einem ordentlichen Restaurant werden die großen Fische erst gegart, nachdem sie vom Gast ausgesucht und bestellt wurden. Die edlen Fische werden vor dem Gast zerteilt, es sei denn, man sitzt in großer Runde zusammen. Alle wollen schließlich gemeinsam essen. Und dann ist da noch der Safran, der unbedingt hineingehört. Auch hier sollte es sich um echten Safran handeln. Für die *Bouillabaisse Marseillaise* werden kleine Fische mit Tomaten, Zwiebeln, Knoblauch, Fenchel und Safran angedünstet, dann streicht man den Fond durch ein Sieb. Dieser bildet die Basis, in der die edlen Fische später serviert werden.

Im Restaurant Le Miramar bekommt man zunächst einen tiefen Teller, in dem eine Scheibe Bauernbrot wartet. Diese wird mit dem Fond übergossen. Dann probiert man zunächst davon, bevor im nächsten Schritt die vorher ausgewählten Fische aufgetragen werden. Dazu werden die *Sauce Rouille* aus Knoblauch, Olivenöl, und Safran sowie weiteres Brot gereicht, und man entscheidet, wie viel man nimmt.

Auch wenn sich das alles ein wenig nach Wissenschaft anhört und man sich gerade im Urlaub einfach treiben lassen möchte – der Aufwand lohnt sich, und der Genuss darf umso schöner werden.

Immaterielles Erbe von Marseille

Selbstverständlich war und bleibt die *Bouillabaisse* auch eine familiäre Angelegenheit. Zu hohen Festtagen oder auch mal sonntags gönnte man sich teuren Fisch. Man bedenke die Ausgabe für eine Familie mit vielleicht durchschnittlich zehn Personen, um eine Suppe mit ausreichend Inhalt zu kochen. Oft gab man der Suppe deshalb auch Kartoffeln bei. Und wie jede Familie ihr Rezept hat, gibt es unzählige Erinnerungen, die damit verbunden sind.

Zu Marseille und der azurblauen Küste gehört die *Bouillabaisse* einfach dazu. Aber auch ohne sie zu kosten, kann man ein Stück Vergangenheit atmen. Gehen Sie morgens gegen sechs Uhr an den Hafen, wenn die Fischer zurückkommen und ihren Fang verräumen. Dann fühlt es sich fast an wie vor sehr langer Zeit.

Unzählige Restaurants bieten Bouillabaisse an: Tun Sie sich etwas Gutes und achten Sie auf Qualität

Eine Bouillabaisse, die sich weiterentwickelt

Mit der *Bouillabaisse* ist es wie mit so vielen Gerichten: Je nach Verfügbarkeit, Vorlieben und auch kulturellen Einflüssen erfahren Rezepte Veränderungen und Anpassungen. Der französische Koch Emmanuel Perrodin beschreibt in einem Beitrag der *Éditions de l'Épure* zehn verschiedene Arten, eine *Bouillabaisse* zuzubereiten. In einem der Rezepte verweist er darauf, keinesfalls die traditionelle *Sauce Rouille* zu servieren, sondern *Aïoli*.

Christian Qui, einer der bekanntesten Köche in Marseille, geht sogar noch ein Stück weiter. Er gründete eine Vereinigung zur Pflege und zum Erhalt der Biodiversität des Mittelmeers. Mit Bouillabaisse Turfu sorgen er und seine Mitstreitenden für Aufmerksamkeit. Der gemeinsame Einkauf von Fisch, Kochkurse, ein Tag auf See beim Fischen oder das Essen im Restaurant – alles zielt darauf ab, über das fragile Ökosystem Meer zu informieren und die Menschen zu sensibilisieren, eine nachhaltige Küche zu ermöglichen und so verantwortungsvoll in die Zukunft zu gehen.

Ein Besuch bei ihm ist mehr wie an einem Tisch bei Freunden. Im Viertel Les Goudes, das noch ein wahres kleines Fischerdörfchen ist, südlich vom Stadtkern gelegen, serviert er seine *Bouillabaisse* unter anderem mit Seeigeln und Muräne.

Leckere Informationen

Restauranttipps

📍 **Marseille**   **Le Petit Nice Passedat** 🍽️
Zu Recht trägt dieses Drei-Sterne-Restaurant seine Auszeichnungen vom Guide Michelin. Die Küche von Chefkoch Gérald Passedat ist das, was man sich unter exklusiver Küche vorstellt. Nicht nur die *Bouillabaisse,* der Besuch an sich ist ein Erlebnis. Die riesige Fensterfront gibt den Blick auf das große Blau preis, während in der Küche das Drei-Gang-Menü »My Bouille Abaisse« seine Vollendung findet.
✉️ 17 Rue des Braves Anse de Maldormé, Cor président John Fitzgerald Kennedy, 13007 Marseille   ℹ️ Öffnungszeiten und Buchung über die Website www.passedat.fr

📍 **Marseille**   **Le Grand Bar des Goudes** ✕
Mitten im alten Fischerort Les Goudes, direkt am Wasser, wird hier zubereitet, was das Meer gerade hergibt. Eine Karte braucht es nicht, man sitzt wie bei Freunden und lässt sich von den Wellen des Tages mitnehmen und die *Bouillabaisse* in die Teller bringen.
✉️ 28 Rue Désiré Pelaprat, 13008 Marseille
🕐 Aktuelle Öffnungszeiten über die Website
www.grandbardesgoudes.fr   🅿️ Im Ort

Weitere
L'Aromat in Marseille, ✉️ 49 Rue Sainte | **Chez Fonfon** in Marseille, ✉️ 140 Rue du Vallon des Auffes

Passende Begleitung

Ein so charakterstarkes Gericht mit vielen Aromen braucht auch eine kräftige Begleitung. Roséweine der AOC Cassis, Bandol oder Palette passen hier. Fragen Sie nach einem Wein mit intensiven Aromen von roten Früchten wie Kirsche oder Erdbeere. Wer lieber Weißwein mag, ist mit einem aus der AOC Côtes-de-Provence sehr gut beraten. Diese Weine sind kräftig und werden jung getrunken.

@Home

Fisch isst man immer am besten da, wo er sehr kurze Wege hat. Oft ist aber die Sehnsucht groß oder auch die Entdeckerfreude. Sehr gute Beratung und Auswahl findet man im Frischeparadies (Standorte auf www.frischeparadies.de). Sagen Sie, was Sie vorhaben, und Sie bekommen Fisch, den Sie gut zubereiten können. Sparen Sie auch nicht am

Safran. Hochwertige Gewürze bekommen Sie beispielsweise bei Ingo Holland www.altesgewuerzamt.de.

In Deutschland bekommt man die Fischsuppe in Hamburg im Restaurant Marseille, in München im Le Refuge, in Österreich im Bistro Beaulieu in Wien, in der Schweiz zum Beispiel in der Brasserie Lipp in Zürich.

Gut zu wissen

Fragen Sie nach und bestehen auf *Sauce Rouille*. In einigen Restaurants wird gespart, und man bekommt anstatt der köstlich-kräftigen Sauce eine industriell hergestellte Mayonnaise mit Knoblauch und minderwertigem Safran.

Poutine
Mini-Fische der Riviera

Unscheinbar wirken die kleinen Fische – ein bisschen Mut, sie zuzubereiten, gehört dazu.

Silbrige Fäden liegen an einigen Fischständen von Nizza. Traditionell zwischen Januar und März. In den vergangenen Jahren wurde die Fangzeit gelegentlich variiert und so durfte von Anfang März bis Mitte Mai gefischt werden. Es ist die kurze Zeit der *Poutine,* einer Delikatesse, die zu Nizza gehört, jedoch nahezu verschwunden ist.

Poutine oder *Nonat* nennt man in Nizza transparente junge Grundeln, auf lateinisch *Aphia minuta,* aber auch Anchovis und Sardinen. Lange Zeit hießen sie auch »Kaviar des Grafen von Nizza«. Der Naturforscher Antoine Risso aus Nizza beschrieb sie 1810 und erklärte den Namen: *Nonat* bedeutet »nicht geboren«, und so nannten die Einwohner von Nizza die Fischbrut, um die Sardine zu beschreiben, bevor sie zur Sardine wird.

Strenge Reglementierung für eine Delikatesse

Das Angeln auf Sardinen- und Sardellenbrut ist streng reglementiert. Das Departement Alpes-Maritimes (06) ist heute das einzige, das diesen traditionellen Fischfang innerhalb Frankreichs betreibt.

Die Fangtätigkeit wird von der Fischereikommission des Europäischen Parlaments reguliert. Man will verhindern, dass eine übergroße Nachfrage zu unkontrollierter Fischerei führt, der Fischbestand sich dezimiert und so nicht genügend Vermehrung zum Erhalt der Art bleibt. Sobald die Fische Schuppen haben, wird der Fischfang in der gesamten Region eingestellt. Der Verkaufspreis wird festgelegt und beträgt oft beträgt mindestens dreißig Euro pro Kilo.

Schutz vor Überfischung

Die *Poutine*-Fischerei hat an der Küste von Nizza und an der italienischen Riviera seit Jahrhunderten Tradition. Gefischt wird noch immer mit der alten Fangtechnik *Issaugue,* bei der ein engmaschiges Netz vom Boot ausgebracht und vom Strand per Hand eingeholt wird.

Eine informative Übersicht mit Fotos bietet die Website www.peches-et-traditions.fr/la-peches-de-la-poutine

Bereits zu Beginn des 17. Jahrhunderts machten sich die lokalen Behörden Sorgen über den Fischmangel auf den Märkten von Nizza, der auf die engen Netze der Sardinenfischer zurückgeführt wurde. Eine erste Überfischung hatte stattgefunden. Im 19. Jahrhundert wurde das Schleppnetz gänzlich verboten. Lokale Fischer rund um Nizza bekamen 1860 eine Ausnahmegenehmigung, und die *Poutine*-Fischerei wurde wieder aufgenommen.

In den 1950er-Jahren sorgte die Ankunft der Fischhändler mit ihren mit *Poutine* gefüllten Bollerwagen für Aufregung in Nizza, wenn sie lauthals »*La bella poutina!*« riefen.

Heutzutage sind es noch zwei Handvoll Fischer, die *Poutine* in den Häfen von Menton, Antibes, Cros de Cagnes und Nizza fangen.

Wie sie zubereitet werden

Fragt man die Fischer, gibt es nur eine Art sie zu essen: extra frisch, roh, auf einer Scheibe gebackenem Toast, eventuell noch mit einem Spritzer Zitrone und Olivenöl. Ähnlich werden *Bichique* auf der Insel La Réunion gegessen. Die Einheimischen lieben *Poutine* in einer Milchsuppe. Jo Issautier vom Restaurant Lou Balico bringt sie in einem Omelette oder ausgebacken als Beignets auf den Tisch. Überhaupt kann man sich hier einmal durch die Karte essen. Vielleicht auch das Lieblingsgericht von Jean-Paul Belmondo, der ein guter Freund von Issautier war: *Trulle,* eine Spezialität aus Blutwurst, Zwiebeln, Speck, Reis und Mangold.

Gut zu wissen *Poutine* gibt es noch als gleichnamiges Fastfood-Gericht in der Region Québec in Kanada. Es besteht aus Pommes frites, Käse und brauner Bratensauce.

Restaurant La Halte de Gairaut: Der Weg auf den Hügel lohnt sich.

Leckere Informationen

Restauranttipps

9 Nizza **Lou Pantail** ☗ Der Name ist Programm, *lou pantail* bedeutet »der Traum«. Ein wahr gewordener Traum ist die Herzlichkeit und Wärme des familiengeführten Restaurants mit allerlei Rezepten der Nonna. Hier merkt man deutlich den italienischen Einfluss und findet neben den *Poutine* in der Saison auch eine köstliche *Pissaladière* und eine weitere Spezialität von Nizza, die mit Kürbis gefüllten Ravioli.

✉ 107 Av. Saint-Lambert, 06100 Nizza
🕐 Montag bis Sonntag 12–14:30 Uhr, Dienstag bis Samstag zusätzlich 19–22 Uhr
🅿 Parkplätze im Ort vorhanden
🚌 Eglise Jeanne d'Arc, Bus 11, 37
🌐 www.loupantail.com

9 Nizza **Lou Balico** ✗ Seit 1979 besitzt das Bistro das Label »Cuisine Nissarde« und ist eine Institution. Wer die einfache, authentische Küche von Nizza kennenlernen will, ist hier genau richtig!

✉ 20 Av. Saint-Jean-Baptiste, 06000 Nizza
🕐 Täglich mittags und abends, im Sommer Sonntag geschlossen, im Winter Sonntag und Montag 🌐 www.loubalico.com

Weitere
La Halte de Gairaut in Nizza, ✉ 141 Av. de Gairaut | **Le Petit Port** in Menton, ✉ 4 Rue du Jonquier | **Josy-Jo** in Cros-de-Cagnes, ✉ 2 Rue du Planastel

Passende Begleitung

Ein Weißwein, gut gekühlt: Der Appellation Bellet bringt Frische und Lebendigkeit.

Gut zu wissen

Wenn Sie die *Poutine* in Ihrer Ferienküche zubereiten wollen, fahren Sie zum Port abri du Cros-de-Cagnes. Die Fischer verkaufen dort morgens direkt.

Blick in den alten
Hafen von Nizza

Poutargue de Martigues

O b mit P oder mit B am Anfang – der gesalzene und getrocknete Meeräschenrogen *Poutargue* aus der Gemeinde Martigues/Port-de-Bouc im Département Bouches-du-Rhône (13) ist eine Delikatesse und ein echtes Luxusprodukt. Wie kondensiertes Jod sei *Poutargue*, schrieb die Zeitung *Le Monde* einmal, ein Karamell des Meeres.

Es gibt eine Vielzahl an Bezeichnungen für die *Poutargue*. Auch Kaviar aus dem Mittelmeerraum oder Kaviar aus Martigues genannt, ist sie ein Produkt, das schon seit der Antike bekannt ist. Der Name geht auf das altprovenzalische *poutargo* oder *boutargo* zurück. Das Wort *boutargo* ist wiederum vom spanischen *botagra* abgeleitet, das vom arabischen *bitârikha* stammt. All diese Bezeichnungen haben die gleiche Bedeutung: gesalzener Fischrogen.

Von der Antike in die Neuzeit

Gesalzene Fischeier waren schon in der römischen Antike bekannt. Der Fabrikant Gérard Memmi widmete der *Poutargue* ein ganzes Buch, in dem er weitere Versionen des Ursprungs aufzeigt. So hätten wohl schon die Pharaonen im alten Ägypten getrocknete Meeräscheneier gegessen.

Ab dem 16. Jahrhundert findet man Erwähnungen der *Poutargue* in der Provence. 1770 wird im *Dictionnaire portatif de commerce* (Tragbares Wörterbuch des Handels) erstmals der Ort Martigues genannt, der vor den Toren von Marseille liegt und in dem die Meeräschen gesalzen und getrocknet werden. 1782 beschrieb Pierre Jean-Baptiste Legrand d'Aussy die Herstellung von *Poutargue*. Das Rezept war damals das gleiche wie heute. Die Griechen verwendeten es zur Herstellung von echtem Tarama.

Poutargue scheint nicht immer ein Luxusprodukt gewesen zu sein, das den Fischern ein beträchtliches Zusatzeinkommen verschaffte. 1886 spricht der Autor Escard davon, dass die Fischer von Martigues sich die *Poutargue* in dicken Scheiben auf ihr Brot legten und mittags nach der Fischsuppe selbst verspeisten.

Die Herstellung bleibt Handwerk

Zwischen Mitte Juli und Mitte September, wenn die Meeräschen vom Étang de Berre herabsteigen, um im Meer zu laichen, werden sie in einem großen horizontalen Netz gefangen, *Calen* genannt. Vorsichtig werden den Weibchen die Eiertaschen entnommen. Die Fischer nennen sie »Beine«. Eine heikle Angelegenheit ist das, die höchste Präzision und Aufmerksamkeit erfordert. Die prall gefüllten Taschen werden nach Größe sortiert und sechs bis acht Stunden in Salz einge-

legt. Das Salzen entzieht ihnen das Wasser, konzentriert die Aromen und fördert die Konservierung. Die Taschen verlieren dabei etwa ein Drittel ihres Gewichts. Anschließend werden sie gespült und zwischen zwei Holzbrettern gelagert. Auf diese Weise zwei bis drei Tage in der Sonne aufbewahrt oder in belüfteten Regalen und durch ein Netz vor Insekten geschützt, erhalten die *Poutargues* einen leichten Druck, glätten sich, und die Eier halten zusammen. Das überschüssige Salz wird abgewaschen, und die Taschen werden noch einige Tage am *Pecou* aufgehängt, einem kleinen Stück Fleisch, das an den Taschen sitzt. In dieser Zeit nehmen sie noch einmal kräftig an Geschmack zu. Die fertige Poutargue ist honig- oder bersteinfarben, die Textur geschmeidig.

Der Zusatz von Konservierungs-, Zusatz-und Farbstoffen ist streng untersagt. Je nach Ausbeute enthalten die *Calens* 200 bis 500 Stück *Poutargue*. Selbst bei 180 Euro pro Kilo (das entspricht etw 40 Euro pro Stück) werden die Fischer nicht reich da-

en. Für den Transport wird er gefroren und oft mit Wachs beschichtet zum Verkauf angeboten. Die Fischer von Martigues bedauern noch immer, dass es bisher keine geschützte und kontrollierte Ursprungsbezeichnung gibt wie beispielsweise in Griechenland. Über die Herstellung in Fabriken kann man geteilter Meinung sein, erst recht, wenn dafür Produkte um die halbe Welt geschippert werden. Interessant ist zumindest, dass der von Nomadenfrauen in Mauretanien hergestellte *Poutargue* von der Organisation Slow Food France eingestuft wurde als ein Projekt zur Förderung handwerklich wertvoll hergestellter Produkte von außergewöhnlicher Qualität, die es zu bewahren gilt.

Wie und womit man sie isst

Heute ist die *Poutargue* ein extrem teures, sehr feines Produkt und wird am besten pur genossen – in Scheiben aufgeschnitten, mit

von. Doch es zahlt wohl den Pastis, wie sie sagen. 1920 gab es etwa zehn *Calens* zwischen Martigues und Port-de-Bouc. Derzeit sind drei in Betrieb, darunter eines in Martigues, eines in Port-de-Bouc und eines in Saintes-Maries-de-la-Mer.

In Port-de-Bouc kauft man *Poutargue* am Stück, Butter mit *Poutargue* oder grüne Tapenade mit *Poutargue* direkt bei La Saveur des Calanques am Quai des Sardiniers.

Zu wenig für zu viele

Nur noch knapp sind die Bestände im Mittelmeer. Die Big Player am Markt wie Memmi und King Fjord beziehen den Meeräschenrogen aus Mauretanien, Senegal oder Brasili-

Roher Fisch und Poutargue zur Vorspeise: köstlich im Le Chante Clair

ein paar Spritzern frischer Zitrone, mehr braucht es nicht. Probieren Sie *Poutargue* so rein und unverfälscht, bevor Sie sich weiteren Genüssen hingeben.

Pierre Gianetti, Küchenchef vom Grain de Sel in Marseille, mag *Poutargue* besonders gerne mit gerösteten Mandeln. Die fettige Mandel gleicht die Intensität der *Poutargue* aus und gibt eine perfekte Balance.

Julia Sammut, Besitzerin der L'Épicerie l'Idéal in Marseille, sieht in *Poutarguc* cinc Kindheitserinnerung und serviert ein Sandwich. Sie kocht die *Poutargue* mit etwas Wasser weich und püriert sie dann mit Olivenöl zu einer glatten Paste. Zwei Meeräschenfilets werden mit etwas Olivenöl gegrillt. Dann wird das Baguette längs aufgeschnitten, mit der cremigen *Poutargue* großzügig bestrichen und mit den gegrillten Fischfilets belegt. Eine halbe Salzzitrone und gehackte Petersilie darauf, zum Schluss einige marinierte Kapernblätter und Olivenöl. Baguettescheiben zuklappen, reinbeißen und im Himmel sein.

Leckere Informationen

Restauranttipps

⚲ Marseille   **Le Grain de Sel** 🍽
Zurückgenommene Einrichtung, Zinktische, Steinwände – ein modernes Néo-Bistro, in dem Gianetti eine gelungene, einfallsreiche Kombination aus Mittelmeer und dem Gemüse aus dem eigenen Garten serviert. Eine super Adresse, unweit des Vieux Port.
✉ 39 Rue de la Paix Marcel Paul, 13001 Marseille 🕐 Dienstag bis Donnerstag 12–14 Uhr, Freitag und Samstag 12–14 und 20–22 Uhr, Sonntag und Montag geschlossen
🅟 Car Park Charles de Gaulle Ⓗ Sainte Fortia, Bus 55; Fort Notre dame, Bus 41, 49, 55, 60, 61, 80, 518, 521, 540

Weitere
Le Chante Clair in Saintes-Maries-de-la-Mer, ✉ 3 Pl. des Remparts | **Le Garage** in Martigues, ✉ 20 Av. Frédéric Mistral

Passende Begleitung

Eine Entdeckung sind die Roséweine der Rebsorte Tibouren, die ebenfalls eine echte Provenzalin ist. Die Weine sind kräftig-kräutrig und können mit der jodhaltigen *Poutargue* sehr gut mithalten.

@Home

Online bestellen kann man die *Poutargue* gelegentlich bei www.bosfood.de oder über www.gourmet-versand.com

Gut zu wissen

Es ist immer besser, eine ganze *Poutargue* zu kaufen (etwa 200 bis 300 Gramm). Achten Sie darauf, dass die Paraffinschicht nicht zu dick ist, sonst kaufen Sie mehr Wachs als Fischrogen.

Anchoïade

Vom alten Rom in die Neuzeit

*D*ie provenzalische Version des Rezepts wurde 1899 im Kochbuch *La Cuisinière Provençale* von Küchenchef Jean-Baptiste Reboul veröffentlicht.

Anchoïade – typisch provenzalisch

Für die *Anchoïade* werden Anchovis mit Olivenöl und Knoblauch im Mörser zerkleinert und zu einer cremigen Paste verrührt. Sehr gern wird sie als kalte Vorspeise verwendet, einfach auf geröstetem Toast oder zu Crackern.

Sie ist die Grundlage der *Bagna cauda,* einem Rezept piemontesischen Ursprungs, bei dem knackiges, rohes Gemüse in Stifte oder Viertel geschnitten und in die Sauce getunkt wird. Genommen wird, was ge-

fällt – Karotten, Selleriestangen, Blumenkohlröschen, Paprika.

Garum und Pissalat – ein kleiner Ausflug

Eine Verwandtschaft der *Anchoïade* mit Garum und dem provenzalischen *Pissalat* ist offensichtlich. Bekannt ist das Rezept für Garum aus dem Kochbuch des Apicius aus dem 3. oder 4. Jahrhundert. Vor allem kleine Fische wie Sardellen oder Makrelen, aber auch Fischabfälle oder Fischinnereien wurden mit viel Salz vermischt und für einige Zeit in der Mittelmeersonne fermentiert. Ab und zu rührte man alles um. Anschließend wurde die entstandene Flüssigkeit, das Garum, ausgepresst und abgeschöpft, mehrfach gefiltert und als Würzsauce verwendet. Je nach Geschmack wurde das Garum auch mit Wein oder Gewürzen abgeschmeckt. Das fertige Garum besaß einen durchaus feinen, charakteristischen Geruch. Kaum vorstellbar allerdings die Gerüche, die während der Herstellung durch die Gegend gewabert sein müssen.

Pissalat

Peis salat oder *pissalat* (gesalzener Fisch) ist die Gewürzsauce, die in ihrer Urform die *Pissaladière* so schmackhaft macht. Alte Aufzeichnungen belegen, dass Antibes das alte Rom mit seinem Garum und *Pissalat* belieferte. Aus nachhaltiger Fischerei gibt es *Pissalat* heute zum Beispiel von Deloye Marée, die mit der Herstellung sogar Arbeitsplätze für Menschen mit Handicap schaffen.

Und die Liebe wird noch heißer

Überlieferungen sprechen von den guten Eigenschaften der *Anchoïade* für ein erfüll-

Rohe Anchovis am besten auf dem Markt kaufen

tes Liebesleben. Zur Anchovispaste werden hartgekochtes Eigelb, Kapern, Sauerampfer und Paniermehl hinzugefügt. So angereichert sei eine aphrodisierende Wirkung zu erleben. Eine piemontesische Version empfiehlt außerdem noch eine gehörige Portion Knoblauch und Petersilie.

Gut für die Gesundheit

Anchovis sind eine hervorragende Quelle für Omega-3-Fettsäuren, die für eine gute Herz-Kreislauf-Funktion unerlässlich sind (100 Gramm decken 50 Prozent des empfohlenen Tagesbedarfs an Omega-3). Außerdem enthalten Anchovis, selbst wenn sie als öliger Fisch eingestuft werden, nur drei bis vier Gramm Fett pro 100 Gramm. Der Anteil an hochwertigem Eiweiß ist so

hoch wie der von Fleisch. Sie liefern außerdem verschiedene Mineralien und Spurenelemente (Kalzium, Phosphor, Eisen, Jod) sowie Vitamine der Gruppe B und die Vitamine A und D.

Immer im Kühlschrank

Die Gewürzpaste ist ein Allrounder und kann bei akutem Anflug von Geschmacklosigkeit im Essen helfen: ein Esslöffel zur Tomatensauce, ein winziges Bisschen in die Vinaigrette. Auch hartgekochten Eiern verleiht sie Kraft. Und selbst wenn es sich zunächst eigenartig anhört: Auch eine Lammkeule profitiert von der *Anchoïade*. Je nach Größe einige Teelöffel mit etwas Honig vermengen und die Lammkeule damit vor dem Backen einstreichen.

Leckere Informationen

Einkaufstipps

⦿ Marseille **L'Épicerie d'Endoume** 🔔
»Ich koche als würde ich für mich selbst kochen«, sagt Katou, die Besitzerin des Feinkostladens. Eigentlich aus der Werbewelt, hat sie hier ihre Heimat gefunden. Lokales Gemüse, Nähe zu den Produzenten und eine gehörige Portion Liebe zu Nachbarschaft, gutem Essen und Gemeinschaft tragen sie.
✉ 51 Rue d'Endoume, 13007 Marseille
🕙 Dienstag bis Samstag 9–13 und 16–19 Uhr
🌐 www.facebook.com/lepiceriedendoume

⦿ Nizza **Moulin à Huile d'Olive Nicolas Alziari** ✕ Seit 1868 gehört der Familie Alziari die Olivenmühle, deren Öle heute ausgezeichnet sind. Die 70 Hektar Olivenbäume werden im ökologischen Landbau bewirtschaftet. Wenn Sie vor Ort sind, kaufen Sie doch gleich Öl und Oliven der Sorte Cailletier, die es so nur rund um Nizza gibt. Das farbenfrohe Design der Produktverpackungen erfreut bestimmt auch die Daheimgebliebenen.
✉ 14 Rue Saint-François de Paule, 06300 Nizza
🕙 Montag bis Samstag 9–19 Uhr und Sonntag von 10–19 Uhr 🅿 Parkplätze im Ort
🌐 www.alziari.com.fr

Weitere

Le Petit Biscuitier in Toulon, ✉ 8 Rue Pierre Semard | **Les Saveurs de Notre Dame** in Avignon, ✉ Les Halles d'Avignon, 18 Place Pie | **Maison Genin** in Arles, ✉ 11 Rue des Porcelets

Passende Begleitung

Etwas, das so ursprünglich und natürlich daherkommt wie die *Anchoïade*, braucht einen ebenbürtigen Partner. Fragen Sie nach einem Naturwein, auch Orange Wine genannt.

@Home

Anchoïade gibt es online zum Beispiel bei www.maitrephilippe.de/products/anchoiade-vignolis

Gut zu wissen

Die *Anchoïade* ist durch den hohen Salzgehalt im Kühlschrank auch gut länger aufzubewahren.

Achten Sie auf Hinweisschilder für eine Épicerie fine: auch dort bekommen Sie zumeist eine gute Anchoïade

Banon ❧

Ein Könner im Kastanienblatt

Angeblich wurde der kleine, im Kastanienblatt ruhende Käse bereits an den Tischen der Kaiser zur gallorömischen Zeit aufgetragen. Die Legende besagt, der Eroberer Antonius Pius habe sich daran überfressen und sei verstorben. Erste schriftliche Erwähnungen des »Käse von Banon« findet man um 1270. Seinen Ursprung hat er im Dorf Banon, in unmittelbarer Nähe von Forcalquier, im Herzen der Alpes-de-Haute-Provence (04). Schon im 19. Jahrhundert überzeugte er viele Gaumen, angeblich auch den des Schriftstellers Jules Verne.

Die Landschaft ist karg, die Sommer sind heiß und trocken. Von jeher gab das Gebiet für Kühe nicht genügend her. Ziegen, Schafe und Esel aber konnte es ernähren, zudem die Tiere erschwinglich für die armen Bauern waren. Ziegen wurden vorrangig für die Milch gehalten, Schafe wegen ihres aromatischen Fleischs.

Herkunftsgeschützt

Seit 2007 besitzt der Käse die geschützte Herkunftsbezeichnung AOP. *Banon* AOP darf nur aus Rohmilch der Ziegenrassen Provençale, Rove oder Alpine hergestellt werden. Auch die Haltungsbedingungen regelt das AOP-Siegel. Die Tiere müssen mindestens 210 Tage im Jahr im Freien gehalten werden und sollen mit maximal acht Tieren pro Hektar Weideland genügend Auslauf haben. Das Appellationsgebiet umfasst 31 Kantone mit 179 Gemeinden verteilt auf die vier Départements Alpes-de-Haute-Provence (04), Hautes-Alpes (05), Vaucluse (84), Drôme (26).

Les Fermiers und Les Artisans

Unter dem AOP-Label produzieren eine überschaubare Anzahl Bauern zum einen *Fromage Fermier* – Käse, der ausschließlich aus der Milch der eigenen Ziegenherde hergestellt wird. Daneben gibt es die *Artisans Fromager,* die für die Herstellung des *Banon* auch Milch anderer Bauern aufkaufen.

Wer seinen Käse ohne Siegel verkauft, muss sich nicht an die strengen Reglementierungen halten. Deshalb findet man auch immer wieder mal *Banon* aus anderen Milchsorten. Im Winter greifen manche Produzenten auf die reichhaltigere Schafsmilch zurück, in der Zwischensaison findet man ihn mitunter aus Kuhmilch hergestellt.

Herstellung – weich, zart, schmelzend

Banon wird nach alten Rezepten hergestellt, die auf den Bauernhöfen in der Haute Provence entwickelt wurden. Im Süden musste man sich etwas einfallen lassen, um Käse herzustellen. Fehlende Kühlmöglichkeiten ließen die Milch schnell verderben. Durch Zugabe einer größeren Menge Lab wurde die Rohmilch deshalb innerhalb von ein bis zwei Stunden bei einer Temperatur von 30 bis 35 Grad dickgelegt. Heute wäre das auch anders möglich. Aber die traditionelle Herstellung per *Caillé Doux*-Methode mit kurzer Fermentationszeit bringt einen weicheren und glatteren Teig hervor, der besonders geschätzt wird.

Der Käsebruch wird in Käseformen gebracht und 24 bis 48 Stunden unter mehr-

Die Ziegen weiden mehr als 200 Tage im Jahr auf den Wiesen.

fachem Wenden abgetropft. Danach wird er aus der Form genommen, gesalzen und kommt in die Reifung.

Reifung

Es müssen fünf bis zehn Tage der Erstreifung vergehen, bevor der Käse in Esskastanienblätter eingewickelt und mit einem Bändchen aus Bast zusammengebunden wird, bevor er für mindestens weitere 15 Tage weiterreift.

Das Einwickeln in Esskastanienblätter beruht auf einer Idee aus früheren Zeiten, der Käse sollte möglichst lange konserviert werden. Besonders im Winter waren die Käselaibe die wichtigste Eiweißquelle in der Ernährung der Käsebauern.

Die Käserei La Fromagerie de Banon, die 50 Tonnen *Banon* pro Jahr liefert (rund 60 Prozent der Gesamtproduktion), bestellt jedes Jahr nicht weniger als 5 Millionen Esskastanienblätter. Die Ernte erfolgt im Herbst in den Cevennen, auf Korsika, in der Region Albion und in der Ardèche. Für das Einwickeln werden nur angetrocknete Blätter verwendet, da sie weniger Gerbstoffe enthalten als die noch grünen Blätter und somit mildere Aromen an den Käse abgeben. Kurz vor dem Einwickeln der Laibe werden die Blätter mit kochendem Wasser, manchmal auch mit einem Schuss Essig versehen und so biegsam gemacht. Pro Käselaib benötigt man fünf bis acht Esskastanienblätter. Während der Reifephase trocknen die Blätter nach und nach wieder an und verleihen dem *Banon* während der Lagerung im Reifekeller seine einzigartigen Geschmacksnoten.

Das Wichtigste: der Geschmack

Banon ist ein besonders milder Ziegenkäse. Feine Geschmacksnuancen von Pflanzen und Holz (durch die Kastanienblätter), die säuerliche Frische und seine Cremigkeit machen ihn zum Renner auf dem Käsebrett und in den Theken der Käsegeschäfte.

Leckere Informationen

Einkaufstipps

📍 **Ongles**　**La Cabre du Rocher**　Meggie, Aurélie und Fabien Girard stellen seit 2014 *Banon* her. Die Geschwister haben es drauf, die Arbeit ist gut aufgeteilt. Fabien kümmert sich um die Ziegen auf Weide und Stall, die Schwestern sorgen dafür, dass aus der Milch Käse entsteht und unter die Menschen kommt.

✉ Les Espeyniers, 04230 Ongles
🕐 Montag bis Samstag 8:30–12 und 15–17 Uhr, Sonntag 8:30–12 Uhr
🅿 Parkplatz vorhanden
ℹ Auch in Forcalquier bei Unis Verts Paysans zu finden
🌐 www.ferme-la-cabre-du-rocher.fr

📍 **Sisteron**　**Le Petit Jabron**　Geführte Besuche werden auf dem Hof angeboten, der seinen Namen vom nahegelegenen Flüsschen Jabron hat. Neben dem *Banon* werden dreizehn weitere Käse hergestellt.

✉ 310 Route de Noyers, 04200 Sisteron
🕐 Öffnungszeiten vorher per E-Mail le-petit-jabron@wanadoo.fr oder telefonisch +33 4 92 62 89 89 erfragen
🅿 Parkplatz vorhanden
🌐 https://gaeclepetitjabron.site-solocal.com

Weitere
La Table Gourmande in Villeneuve-Loubet, ✉ Port de Marina Baie des Anges | **Vigier** in Carpentras, ✉ 23 Place de la Mairie | **Fromagerie Lemarié** in Aix-en-Provence, ✉ 55 Rue d'Italie | **Fromagerie du Marché** in Saint-Tropez, ✉ 7 Place aux Herbes | **Fromages et Cie** in Hyères, ✉ 35 Rue Massillon | **Fromagerie Céneri** in Cannes, ✉ 22 Rue Meynadier

Passende Begleitung

Ist der Käse noch jung, passt ein fruchtiger, leichter Rosé. Gereifte Käse bilden zusammen mit einem Muscat de Beaume-de-Venise ein hübsches Paar.

@Home

Der *Banon* AOP ist in allen guten Käsegeschäften oder Feinkostabteilungen zu finden.

Gut zu wissen

Ein Fest zu Ehren des Käses findet jedes Jahr findet am dritten Mai-Wochenende in Banon statt.

Agneau de Sisteron

Lammfleisch in ausgezeichneter Qualität

*D*as Fleisch muss auch ruhen, das ist so wichtig wie das schonende Garen«, sagt Jany Gleize und betrachtet dabei das zartrosa Fleisch mit der feinen Fettschicht. Die rührt vom langen Säugen am Mutterschaf. Der Koch im exklusiven Sternerestaurant La Bonne Étape in Château-Arnoux ehrt das *Agneau de Sisteron* mit jedem Handgriff und bringt es möglichst unverfälscht auf die Teller.

Die Geschichte des Sisteron-Lamms, auch Cäsar-Lamm genannt, beginnt um 1920 in der Haute-Provence. Maurice Richaud, von Beruf Chevillard, also ein Schlachter, der die Tiere zerlegte und an kleinere Fleischereibetriebe verkaufte, erkannte die außergewöhnliche Geschmacksqualität der Lämmer aus seiner Region und gab dem Fleisch die Bezeichnung *Agneau de Sisteron*.

Die Wiege im Südosten Frankreichs

Seit mehr als 6.000 Jahren weiden Schafe in der Haute-Provence. Sisteron war von jeher eine wichtige Station, um den Zug der Herden von den Alpen, den Hügeln der Haute-Provence und den mediterranen Ebenen zu organisieren. So entwickelte sich hier das Herz des Zuchtgebiets, und deshalb wird Sisteron, am Fuß eines mächtigen Kalkfelsens gelegen, auch als die Hauptstadt des Lamms in Frankreich bezeichnet.

Das Lammfleisch hat einen sehr guten Ruf bei Verbrauchern, es wird gern gekauft, zumal man sich durch die strengen Maßstäbe auf die Qualität verlassen kann. In ganz Frankreich ist es bekannt.

Die Siegel IGP und Label Rouge

Das Sisteron-Lamm ist durch die Angabe IGP geschützt. Nur Lämmer aus qualifizierten Betrieben dürfen als solche gekennzeichnet werden. IGP garantiert zunächst die Herkunft des Lamms. Es muss im Gebiet der Provence-Alpes-Côte-d'Azur und der Drôme Provençale geboren, aufgezogen und geschlachtet worden sein.

Das Label Rouge regelt noch weit mehr. Das Lamm muss traditionell auf der Weide gezogen worden und zwischen siebzig und 150 Tagen alt gewesen sein. Die Anzahl der Mutterschafe pro Hektar ist ebenso vorgeschrieben wie mindestens zwei Monate Säugen durch das Mutterschaf. Diese müssen den Rassen Merino d'Arles, Mourérous oder Préalpes du Sud entstammen.

Der Bedarf nach dem zarten, weichen Fleisch wächst stetig, und so müssen Verbaucher regelmäßig gewarnt werden, da Fleisch in Umlauf kommt, bei dem Herkunft und Qualität unklar bleiben. Verbraucher sollten auf drei Siegel auf der Verpackung achten: das gelb-blaue IGP, das rot-weiße Label Rouge und zusätzlich das Siegel mit dem Lamm und der Beschriftung »Agneau de Sisteron«.

Wolf oder Schaf?

Die nomadische Haltung der Tiere auf den Hügeln und Wiesen birgt auch Gefahren, denn die Nächte können gefährlich werden. Der Wolf hat sich seit einigen Jahren wieder ausgebreitet und beansprucht Raum und Nahrung.

Der französische Bauernverband weist darauf hin, wie stark die Weidetierhalter im Département Alpes-de-Haute-Provence (04) unter Wolfsangriffen leiden. In den vergangenen Jahren haben die Angriffe um gut zwanzig Prozent zugenommen.

Ein französischer Wolfsmanagementplan regelt die Abschussbedingungen. Tierschützer streben an, dass Wölfe gar nicht geschossen werden dürfen. Die Bauern und Schäfer dagegen fordern eine Ausweitung der Wolfsjagd. Aus ihrer Sicht dient die Reduzierung dem Schutz der Artenvielfalt und dem Erhalt der Weidewirtschaft in den Bergen. Angesichts einer vergleichsweise strukturschwachen Region eine durchaus verständliche Perspektive.

Die kernige Züchterin Françoise Garcin in Sisteron kennt das Dilemma aus eigener Erfahrung: »Manchmal verbringt meine Familie die Nächte im Sommer draußen in der Herde. Nicht nur die Schafe wurden schon angegriffen und einige gerissen, auch die Hunde. Uns ist klar, wir müssen teilen, auch der Wolf soll erhalten bleiben. Wir müssen damit rechnen, dass wir ab und an ein Tier verlieren.«

Alle Stücke vom Lamm

Viele Köche und die Züchter selbst werben dafür, nicht nur die besten Filetstückchen des Lamms wie die zarten Koteletts, die Keule oder den Lammrücken zu verwerten.

Köstlich und mit reichlich Kräutern bereitet Jany Gleize im Restaurant La Bonne Étape Lammfleisch zu.

Pieds et Paquets

Ein bisschen Mut muss man aufbringen, um sich der Spezialität *Pieds et Paquets* (Füße und Pakete) zu nähern. Der Geruch bei der Zubereitung ist zumindest gewöhnungsbedürftig. In Sisteron wie auch in Marseille versteht man unter *Pieds et Paquets* Bündel gefüllter Hammelkutteln, die zusammen mit Hammelfüßen zubereitet werden. Man geht davon aus, dass sich das Rezept in den Schlachtereinen entwickelt hat, um Innereien und weniger gut verkäufliche Stücke wie die Füße nicht wegwerfen zu müssen.

Hammelpansen wird zu kleinen Päckchen gebunden. Die enthalten eine Füllung aus Speckwürfeln, vermischt mit gehacktem Knoblauch und Petersilie, Pfeffer und Salz. Vorher werden die Kutteln lange gewässert und gereinigt. Die Schafsfüße werden ebenfalls gereinigt, halbiert und abgeflämmt. In den Schmortopf werden erst die Füße ausgelegt, dann die Kuttelpäckchen darauf verteilt. Mit reichlich Weißwein und Brühe, gehackten Tomaten, Zwiebeln, Karottenstückchen, Kräutern und Gewürzen wie Rosmarin, Thymian, Lorbeeer und Ge-

würznelken köchelt das Ganze dann zehn Stunden vor sich hin. Traditionell wird das Gericht am Faschingsdienstag aufgetragen. Im Auberge La Fenière in Cadenet kocht die ehemalige Sterneköchin Reine Sammut, die vor Übergabe an ihre Tochter Nadia groß und lange aufgekocht hat, *Pieds et Paquets* zum Mitnehmen ein.

Zurück in der Küche

Jedes Jahr im Mai wird das Lamm bei der Fête de l'Agneau de Sisteron gefeiert. Die Tiere werden von den Hirten auf der Transhumanz, dem Auftrieb, durch die Stadt getrieben. Die Herden werden gesegnet, bevor sie endgültig zu den Sommerweiden aufbrechen. Besucher können sehen, wie die Schafe geschoren werden, wie Wolle versponnen wird und wie die Hütehunde trainiert werden.

Der Koch Jany Gleize richtet in seiner Küche die Teller an: Kleine Koteletts vom Lamm und ein Stück Filet werden mit Honig eingestrichen und mit Rosmarin und Thymian in Olivenöl gebraten, der Bratensaft mit Butter aufgeschäumt, sodass er gut abbindet. Die Butter ist zusätzlicher Geschmacksträger. Auch die Queen habe sich bereits vom Geschmack des *L'Agneau de Sisteron* überzeugen können, grinst er, wohl nicht bei ihm, aber im Élysée-Palast in Paris. Es habe ihr geschmeckt, sei durchgedrungen.

Restauranttipps

📍 Château-Arnoux-St. Auban

La Bonne Étape 🍽 Familienbetrieb mit Tradition. Nehmen Sie sich bei einem Besuch Zeit, um die vielen Fotografien in sich aufzunehmen, bevor Sie sich von der provenzalischen Küche von Sternekoch, Gärtner und Künstler Jany Gleize einnehmen lassen. Der wusste frühzeitig, dass er Koch werden will, und verehrt mit seinen Gerichten Großmutter, Vater, die exzellenten Produkte der Gegend und natürlich die Gäste.

✉ Chemin du Lac, 04160 Château-Arnoux-St.-Auban 🕐 Aktuelle Öffnungszeiten über die Website www.bonneetape.com 🅿 Vorhanden ℹ Es werden Pakete angeboten aus Übernachtung und Restaurantbesuch

📍 Sisteron   **Au Romarin** ✕   Im Herzen der Altstadt von Sisteron liegt das charmante kleine Restaurant. Sichtbarer Naturstein, ein altes Gewölbezimmer und eine hübsche Terrase mit zwölf Plätzen und Blick auf die Alpen. Hier kann man eine einfache und authentische lokale Küche entdecken. Das Restaurant bietet auch vegetarische, vegane, gluten- und laktosefreie Gerichte an.

✉ 103 Rue Saunerie, 04200 Sisteron 🕐 Mittwoch bis Montag 12–14 und 19–21 Uhr, Dienstag geschlossen 🅿 Parkplätze vorhanden ℹ Das Restaurant liegt in der Fußgängerzone 🌐 http://au-romarin.lafourchette.rest/en_GB

Weitere

L'Opidum in Sisteron, ✉ 136 Rue de Provence | **La Reine de Prés** in Mane, ✉ Domaine de Pitaugier ZA de Pitaugier

Passende Begleitung

Mit zarten, kurz gebratenen Lammkoteletts harmoniert ein junger Rotwein, zum Beispiel aus der Appelation Pierrevert. Zu *Pieds et Paquets* probieren Sie einen Rosé der Appelation Bandol oder einen Rotwein der AOP Baux-de-Provence.

@Home

In der Schweiz kann man das Fleisch über Vecom AG bestellen. In Deutschland führen Otto Gourmet (www.otto-gourmet.de) und das Frischeparadies (www.frischeparadies.de) Lammfleisch aus Frankreich. Fragen Sie nach dem *Agneau de Sisteron*.

Gut zu wissen

Probieren Sie auch mal die Merguez, scharfe Lammwürste, die gern zusammen mit Couscous serviert werden. Gewürzt mit Ras el Hanout bekommen sie besondere aromatische Tiefe.

Daube provençale

Mehr als ein Schmortopf-Gericht

Wie die meisten guten Gerichte entstand auch die *Daube* aus der Not heraus. Die Fuhrleute, die früher zwischen den Dörfern im Hinterland und Städten wie Marseille, Aix oder Arles unterwegs waren, um Waren auszuliefern, brauchten etwas Deftiges und vor allem Nährendes im Bauch. Die Männer der Camargue mussten mit ihren Pferden schwere Lastkähne an den Kanälen ziehen. Und so sind sich gastronomische Historiker weitgehend einig, dass die *Daube* ein Straßenkind ist, erfunden vermutlich im 18. oder 19. Jahrhundert, um die ausgehungerten Trucker von damals zu stärken.

Und was damals schon den starken Männern schmeckte, ist auch heute nicht aus den Familien wegzudenken. Und ein passender Schmortopf, der über Generationen vererbt wird, gehört auch dazu.

Ein Eintopf, der keinen Zusatz braucht

Viele Provenzalen sagen, der Zusatz *provençale* sei völlig überflüssig, da es sowieso nur eine *Daube* gäbe.

Fleisch, zumeist Rind oder in der Camargue Stier, badet mindestens einen halben Tag, besser einen ganzen, in einer Marinade aus kräftigem Rotwein, Kräutern wie Rosmarin und Thymian und anderen Gewürzen, manche geben Orangenschale dazu. Beim Fleisch verwendet man nicht die Sahnestücke, sondern alles, was übrig ist und durch das Einlegen und lange Garen besser und weniger zäh wird. *Adobo* heißt das im Provenzalischen: Etwas wird besser durch die Zubereitung, durch das Schmoren.

Überall ein Topf – die Daubière

Die Geschichte besagt, dass die Gasthäuser und Postämter im 19. Jahrhundert immer einen Eintopf im Kamin gehabt hätten für den Fall, dass jemand mit Hunger vorbeikam.

Die *Daubière,* ein gusseiserner Schmortopf, wurde in die Asche gesetzt, direkt neben die Glut. So hielt der Eintopf warm. Immer und immer wieder erwärmt beziehungsweise dauerhaft am Köcheln gehalten, wurde er schmackhafter: Die Aromen von Wein und Kräutern durchdrangen das Fleisch, und es wurde mürbe. Dazu aß man Kartoffeln oder eine Dinkelbrühe. Die Italiener, die in die Provence kamen, brachten Polenta mit, später Makkaroni. Oft findet man heute noch Dorffeste, bei denen es eine *Makaronade* gibt – dann wird eine *Daube* mit Makkaroni serviert.

Die Anschaffung lohnt sich, die Töpfe halten ewig.

Soulfood in Variationen

Das Grundprinzip für das herz- und bauchwärmende Soulfood ist immer gleich: Nachdem das Fleisch abgetropft ist, wird es zusammen mit Zwiebeln im Schmortopf scharf in Olivenöl angebraten, dann im Topf auf dem Boden verteilt, mit der Marinade und zusätzlich Brühe aufgegossen und alles schließlich bis zu acht Stunden geköchelt. Dabei immer wieder etwas Flüssigkeit dazugegeben. Vielfach kommen Wurzelgemüse wie Karotten sowie entsteinte schwarze Oliven hinein.

Die *Daube avignonnaise* ist eine Variation des klassischen Eintopfs und wird in Avignon mit Lamm- oder Hammelschulter zubereitet. Weißwein ersetzt zudem den Rotwein. Eine weitere Abwandlung des klassischen Eintopfs ist die *Comtadine,* in der es keine Karotten, sondern schwarze Oliven gibt. In Nizza fügt man der *Daube* Steinpilze und Eau de vie hinzu.

Auch Wildschwein macht sich bestens in einer *Daube.* Die Provence hat mit Fluch und Segen zu kämpfen: Eine Rotte Wildschweine kann kurzerhand die Weinernte empfindlich minimieren, wenn sie zur Reifezeit nachts die Rebstöcke heimsuchen. In einer *Daube* gibt das Fleisch einen angenehmen, kräftigen Wildgeschmack. Gut bekommt der *Daube* das Hinzufügen von Wacholder, Lorbeerblättern und Gewürznelken.

Die *Gardiane de Taureau* ist der Eintopf der Camargue. Das gute Stierfleisch nimmt bereitwillig den Wein auf und wird durch das lange Garen butterweich. Ein Besuch auf einer *Manade* – so nennt man die ländlichen Höfe, auf denen die Stiere gezüchtet werden – verbunden mit einem zünftigen Mahl, ist eine wunderbare Art, die Region zu entdecken.

Bei aller Abwechslung in den Rezepten, die besten Rezepte sind immer noch die, die in der Familie, manchmal sogar zusammen mit den Töpfen von Generation zu Generation weitervererbt werden. Und eins sei nicht vergessen: Zu allen Gerichten reichlich Rotwein reichen.

Leckere Informationen

Restauranttipps

📍 **Lourmarin**　**Les Terrasses de Guilles** 🍽
Das Vier-Sterne-Hotel Le Mas de Guilles
mit seinem Restaurant in einem proven-
zalischen *Mas,* einem großen Gutshof aus
dem 17. Jahrhundert, liegt inmitten von
Weinbergen. Die Besitzer Michèle und
Patrick Lherm sind herzliche Gastgeber.
Patrick kocht klassische französische Kü-
che mit den besten Produkten der Region.
Von der großzügigen Terrasse schaut
man in die Weinberge und über das Land.
✉ Rte de Vaugines, 84160 Lourmarin
🕐 Täglich 19:30–21 Uhr　🅿 Parkplätze vor-
handen　🌐 www.guilles.com/fr/restaurant.html

📍 **Marseille**　**Chez Madie Les Galinet-
tes** ✕ Freundlich und lebhaft geht
es hier zu, und die Qualität ist hervorragend. Das Lokal setzt Maßstäbe
mit den angebotenen provenzalischen
Gerichten, sowohl bei Fisch als auch
bei Fleisch. Man sagt, die *Daube* sei
vielleicht die beste der Stadt, und die
Bouillabaisse ist auch nicht schlecht.
✉ 138 Guai du Port, 13002 Marseille
🕐 Montag bis Sonntag 12–14:30 Uhr, Montag
bis Samstag zusätzlich 19–22 Uhr
🅿 Parkplätze im Ort　🚉 Quai du port, Bus 60,
82, 82S, 83, 582
🌐 https://restaurantchezmadielesgalinettes.eatbu.com

Weitere

Le Jardin in Cannes, ✉ 15 Avenue Isola Bella |
Nul Part Ailleurs in Marseille, ✉ 18 Quai Rive Neuve |
Chez Thomé in Le Tholonet, ✉ Av. Louis Dest-
rem | **La Merenda** in Nizza, ✉ 4 Rue Raoul Bosio

Passende Begleitung

Die kräftige *Daube* braucht einen kräftigen roten Begleiter, gern auch einen,
der ein wenig Zeit im Holzfass verbracht
hat.

@Home

Fragen Sie in französischen Restaurants
in Ihrer Umgebung. Wenn die *Daube*
nicht schon auf der Karte steht, dann
ist es Zeit. Ein sehr gut erklärtes Rezept
finden Sie bei Aurélie Bastian auf
www.franzoesischkochen.de

Gut zu wissen

Die Investition in einen Schmortopf ist
anempfohlen und eine Anschaffung fürs
Leben. Eine Vielzahl an Gerichten lässt
sich darin gut zubereiten.

Brousse du Rove

Ziegenkäse mit Provence-Flair

*B*rousser, also schlagen, muss man ihn, diesen Käse, der untrennbar verbunden ist mit dem Namen der Gemeinde Rove, nur einen Steinwurf westlich von Marseille am Meer. Das Dorf wird begrenzt von den Bächen Niolon und La Vesse an der Côte Bleue zwischen L'Estaque und Carry le Rouet.

Vor den 1960er-Jahren boten die Händler des *Brousse du Rove* ihren außergewöhnlichen Käse in den Straßen von Marseille an, indem sie ihn lautstark in der provenzalischen Sprache *»Leï brousso dou rové!«* ankündigten.

Geschützte Ursprungsbezeichnung AOP

Der frische Ziegenkäse aus Rohmilch erhielt 2020 seine geschützte Ursprungsbezeichnung. Einen ersten Schritt hatte man im Jahr 2018 getan, als *Brousse du Rove* die kontrollierte Ursprungsbezeichnung AOC erhielt. Bis dahin hatten die Bauern lange gegen Betrug gekämpft. Zu oft wurde nur ein wenig Ziegenmilch unter Kuhmilch gemischt und der Käse als *Brousse du Rove* verkauft.

Der Käse wird in 131 Gemeinden, hauptsächlich im Département Bouches-du-Rhône (13), aber auch im Süden von Vaucluse (84) sowie im westlichen Var (83) hergestellt. Im Jahr 2019 waren nur sieben Produzenten berechtigt, ihren *Brousse du Rove* mit dem Siegel AOP anzubieten. Fast 290.000 Käse wurden 2019 zubereitet.

Sie haben reichlich Zeit? Dann begeben Sie sich auf Ihre eigene Käseroute durch die Départements und erschmecken die Unterschiede, je nachdem, wo die Ziegen weiden.

Eine rustikale Ziegenrasse

Die Rove ist eine Ziegenrasse aus dem gleichnamigen Dorf in der Provence, die an ihren langen, gedrehten Hörnern erkennbar ist. Sie fühlt sich wohl in der stachligen Strauch- und Buschlandschaft der *Garrigue* und frisst sich durch Rosmarin, Ginster, und Kermeseiche. Je nach Jahreszeit und Gegend variiert der Käse im Geschmack. Während der Blütczeit von Rosmarin und Thymian ist das Aroma floraler, gibt es mehr Grüneichen, finden sich im *Brousse du Rove* auch Mandelnoten.

Elegant wirkt die Rove-Ziege mit ihren gedrehten Hörnern und ist ein typisches Tier der Côte Bleue. Die Geschichte der Rove-Ziegen ist seit 2.600 Jahren mit der von Marseille verbunden. Eine Legende besagt, dass die Rove-Ziegen von Tieren aus Mesopotamien abstammen. Nach dem Untergang des Schiffes, das sie transportierte, hätten diese schwimmend die Küste erreicht und seien von lokalen Hirten aufgenommen worden.

Von jeher nutzten die Bauern die widerstandsfähigen und zähen Tiere auch zur Pflege der Landschaft. Sie halten das Terrain sauber und sorgen durch die Öko-Beweidung für natürlichen Schutz vor Feuer. Sie sind flink und können in Höhen bis 1,50 Meter fressen. Die Rove-Ziege liefert wenig Milch, hat aber aufgrund ihres besonderen Fett- und Eiweißreichtums eine sehr gute Käseausbeute.

Verkostungs- und Konservierungsberatung

Der *Brousse du Rove* sollte frisch gegessen werden, maximal fünf Tage nach seiner Herstellung. Französische Gesundheitsbehörden empfehlen, dass gefährdete Bevölkerungsgruppen keine Rohmilch oder Rohmilchkäse konsumieren. Dazu gehören Schwangere, Kinder unter fünf Jahren und Menschen mit einem geschwächten Immunsystem. In den Frischmilchprodukten können Bakterien enthalten sein wie Listerien, die die Listeriose auslösen, eine Krankheit, die mit Kopfschmerzen und Fieber einhergeht und in schlimmen Fällen Blutvergiftungen und Hirnhautentzündungen auslösen kann.

Eine Geschichte in 18 Generationen

»In meiner Familie sind wir seit 1410, also seit 18 Generationen, Hirten der Rove«, schwärmt André Gouiran. »Meine Söhne Franck und Marc werden die Arbeit fortführen. Man braucht Leidenschaft und Hingabe, es ist eine Berufung«. Leidenschaft braucht es auch, wenn täglich fünf Stunden von Hand gemolken werden muss.

Salat von verschiedener Bete mit Brousse und Beeren

Ein Käse wie Schnee

Der Käse ist geschmeidig, frisch, sehr weiß und glänzt wie frisch gefallener Schnee. Genauso fluffig ist er auch, wenn er in kleinen länglichen Plastikschalen präsentiert wird. Marie-Ange Gouiran ist es, Andrés Frau, die Milch in Käse verwandelt. Zur Ziegenmilch wird Weißweinessig gegeben und erhitzt. Der Essig sorgt dafür, dass das Eiweiß denaturiert und ausflockt. Der Käsebruch wird in sogenannte Faisselle-Formen gefüllt, unterschiedlich hohe runde Plastikbecher mit Löchern. Nach vier bis fünf Tagen ist der Käse fertig für Verzehr und Verkauf. Die Herstellung ist nur von Frühjahr bis Sommer möglich. Deshalb findet sich im Winter kein echter *Brousse du Rove* auf Märkten oder in den Vitrinen der Käsegeschäfte.

Außer bei der Familie Gouiran lohnt auch ein Ausflug zum Hof Gaec 'Lou Miss in Meyreuil oder zur Ferme du Brégalon in Rognes. Besonders schön für Kinder ist ein Besuch in Trets auf La Pastorale du Regagnas. Neben den Ziegen können hier auch die Esel, Pferde, Hühner und Enten kennengelernt werden. Der Eintritt ist frei.

Der *Brousse du Rove* enthält kein Salz. Er wird traditionell süß gegessen. Für ein Dessert vermischt man den Brousse mit etwas Olivenöl, Honig, gehacktem Rosmarin und dem Abrieb von Zitronen und befüllt damit Aprikosenhälften. Im Ofen werden sie bei 200 Grad für 15 Minuten gebacken. Mit ein paar Lavendelblüten dekorieren, und fertig ist der Sommer auf dem Teller.

Sehr fein schmeckt der *Brousse* in einem Salat mit frischer Bete. Mit einem guten Schuss Olivenöl, einer aufgeschnittenen, sonnengereiften Tomate und einem Sauerteigbrot bekommt man eine wunderbar herzhafte Version, perfekt für eine Vorspeise. Oder probieren Sie gefüllte Zucchiniblüten mit *Brousse*.

Die Fromagerie du Marché in Saint-Tropez bietet eine enorme Auswahl an Käse, nicht nur Brousse.

Leckere Informationen

Einkaufstipps

📍 **Le Rove** **Famille Gouiran** Einmal zuschauen, wie Käse gemacht wird, und dann gleich auf dem Bauernhof einkaufen. Das ist bei der Familie Gouiran möglich. Melden Sie sich am besten an, dann gibt's für die Kinder eine kleine Führung zu den Ziegen.

✉ 17 Rue Adrien Isnardon, 13740 Rove
🕐 Täglich 8–12 und 16–18 Uhr
🅿 Parkplätze vorhanden

📍 **Marseille** **La Laiterie Marseillaise**
Zwei junge Frauen, Audrey und Madeleine, affinieren und verkaufen Käse, nur wenige Schritte vom Vieux Port entfernt. Beide sind extrem gut ausgebildet. Im gesamten Käse-Frankreich stellen sie Joghurt her, richten Käseplatten und sind ganz eng mit allen lokalen Produzenten.

✉ 86 Rue Sainte, 13007 Marseille
🕐 Dienstag 16–19:30 Uhr, Mittwoch bis Freitag 10–14 und 16:30–19:30 Uhr, Samstag 10–13 Uhr 🔲 www.lalaiteriemarseillaise.fr

Weitere
La Table Gourmande in Villeneuve-Loubet,
✉ Port de Marina Baie des Anges | **Vigier** in Carpentras, ✉ 23 Place de la Mairie | **Fromagerie Lemarié** in Aix-en-Provence, ✉ 55 Rue d'Italie | **Fromagerie du Marché** in Saint-Tropez, ✉ 16 Place aux Herbes | **Fromages et Cie** in Hyères, ✉ 35 Rue Massillon | **Fromagerie Céneri** in Cannes, ✉ 22 Rue Meynadier

Passende Begleitung

Probieren Sie dazu einen Weißwein der Appellation Maures IGP. Böden mit Kalk, Schiefer, Granit und Sandstein speichern die mediterrane Sonnenwärme und geben gleichzeitig eine ansprechende Mineralik und Frische.

Gut zu wissen

Der *Brousse du Rove* mag es gern einfach. In Marseille isst man ihn nur mit ein bisschen Zucker bestreut. Probieren Sie ihn mit einer Konfitüre oder etwas Lavendelhonig zum Dessert. Einfach köstlich!

Taureau de Camargue

Stierfleisch deluxe

$\mathcal{E}$rhaben stehen sie mit ihren kohl-schwarz glänzenden Fellkleidern und den langen Hörnern im Weideland, die Herrscher der Camargue, die schwarzen Stiere. Eine indigene Rasse ist die Raço di Biòu. Die Tiere leben halbfrei im Schwemmland im Südwesten der Provence und »bewirtschaften« dieses Ökosystem mit ihrer Anwesenheit. Einzigartig ist die Haltemethode in Frankreich, und die *Manadiers,* die Stierzüchter, sind sehr stolz auf ihre Tiere. Die fressen vor allem Gräser wie Bockshornklee und Salzkräuter wie Salicornia (Queller) und teilen sich die Natur mit über 300 Vogelarten, den Wildpferden, Flamingos und im Sommer mit reichlich Mücken. Der fragile Lebensraum ist nunmehr als Parc naturel régional de Camargue seit 1970 geschützt, 130 Quadratkilometer stehen unter Naturschutz.

Herkunft ungeklärt

Wie die Tiere sich genau ansiedelten, ist nicht gewiss. Angenommen wird aber, dass die heutige Rasse sich aus einem Zweig einer asiatischen Großrinderrasse entwickelt hat, da mit ihr eine große Ähnlichkeit besteht. Andere Vermutungen gehen davon aus, dass es sich um eine Art Auerochsen handelt, die in Afrika beheimatet waren.

Funde belegen, dass es Rinder in der Camargue seit der Antike gibt. Unweit von Arles wurden flussaufwärts Rinderknochen mit gedrehten Hörnern gefunden, zusammen mit Pferdeskeletten.

Keinen Zweifel gibt es daran, dass es ein fast archaisches Erlebnis ist, den Tieren nah zu sein. Einige Manadiers nehmen Gäste im Jeep mit zu den Tieren.

Arbeitskleidung mit Geschmack

Gardians, die Viehhirten, tragen auch heute oft die traditionelle Kleidung. Dazu gehört eine Hose aus Moleskin, einem derben Baumwollstoff, der einseitig leicht glänzt wie Maulwurfsfell. Die Frauen tragen Röcke aus ebensolchem Stoff. Hemden und Blusen mit lebendigem, bunten Blütenmuster, ein Tuch um den Hals, Weste, Hut und derbe, lederne Stiefel vervollständigen die Tracht und sind äußerer Ausdruck für die Zugehörigkeit.

Heißblütig zur Course Camarguaise

Wenn die *Gardians* auf ihren weißen Pferden über die Weiden ziehen, dann haben sie einen Blick für die besonders lebhaften, angriffslustigen Stiere. Die Rasse ist überneugierig und intelligent, aber für die traditonelle Course Camarguaise werden nur die ausgewählt, die noch eine ordentliche Portion mehr Biss haben.

Die Course Camarguaise ist der Stierkampf der Region, der nicht zu vergleichen ist mit der spanischen Corrida. Von April bis Oktober füllen sich die Arenen, die es auch in kleinen Orten gibt, zu diesem Volksfest. Dem Jungstier wird eine Cocarde, eine Kordel mit zwei kleinen Bommeln, zwischen die Hörner gebunden, dann betritt er die Arena. Dort versuchen *Razeteurs,* mutige, in Weiß gekleidete Jungs, mit einem speziellen kleinen Haken, die Cocarde zu angeln – und damit vielleicht auch die Herzen der weiblichen Anwesenden. Gespannt halten die Zuschauer den Atem an, wenn ein besonders angriffslustiger Stier die *Razeteurs* über die hohen hölzernen Brüstungen treibt. Nach fünfzehn Minuten steht der Sieger fest, und oft gewinnt der Stier.

Einer, der noch immer geehrt wird

Der Marquis Folco de Baroncelli-Javon wurde 1869 in Aix-en-Provence geboren. Er war ein Nachfahre einer alten Florentiner

Familie, die nach dem Aufstand gegen die Medicis im 15. Jahrhundert nach Avignon ins Exil auswandern musste.

Frühzeitig in der Kindheit wurde seine Leidenschaft für die Stiere geweckt, und trotz größerer Widerstände wurde er *Manadier* und züchtete Stiere und Pferde. Ein großes *Mas,* der Zuchtbetrieb Manado Santenco in Saintes-Maries-de-la-Mer, wurde sein Zuhause. 1909 gründete er die Züchter-Vereinigung Nacioun Gardiano und prägte maßgeblich die Gestaltung des Regelwerks der Course Camarguaise. Als besonders menschlich und großherzig wurde er von Zeitzeugen beschrieben. Unermüdlich setzte er sich für den Schutz von Minderheiten ein und sorgte dafür, dass Sinti und Roma ihrer Schutzpatronin Sara huldigen durften.

Am 26. Mai jedes Jahres feiern *Gardians,* Einwohner sowie Sinti und Roma den Marquis mit einem festlichen Umzug.

Ein ausgezeichneter Geschmack

Unlängst wurde das Stierfleisch aus der Camargue, das seit Anfang der 1990er-Jahre die geschützte Ursprungsbezeichnung AOP

führt, mit dem französischen Siegel »Site remarquable du goût« ausgezeichnet, das touristische und gastronomische Ziele hervorhebt, die mit lokalen Produkten verbunden sind. Die *Gardiane,* das Ragout aus Stierfleisch, wird lange geköchelt und erst dann richtig gut, wenn die Sauce dickflüssig ist, sagt Gilbert Arnaud, *Manadier* in Saintes-Maries-de-la-Mer. Er züchtet Stiere mit seiner Frau Stephanie, die für ihn aus Deutschland in die Camargue zog. Auf ihrem *Mas* Lou Rayas werden oft Gruppen bewirtet, die Stiere und Pferde bewundern und zünftig essen wollen. Gilbert empfiehlt auch die *Saucisson d'Arles sec,* eine luftgetrocknete Wurst aus Rind- und Schweinefleisch, Kräutern und Rotwein, die einen Monat trocknen muss, bevor sie gegessen werden kann.

Das Fleisch der Stiere hat wenig Fett, ist zart und so intensiv im Geschmack, dass Nadia Sammut in der Auberge La Fenière es am liebsten pur serviert. Das Stierfleisch bekommt sie vom Züchter Frédéric Bon, dessen Familie seit Generationen in der Camargue Stiere züchtet und Reis anbaut. Sie schneidet es als Carpaccio auf und nappiert es mit einer *Sauce Melet* und einem Salat aus Portulak.

Leckere Informationen

Restauranttipps

📍 **Cadenet** **Auberge La Fenière** ♨

Den Geschmack des großen Glücks transportiert Nadia Sammut. Die junge Köchin ist längst aus den großen Schuhen ihrer Mutter Reine herausgewachsen und präsentiert mit ihrer *Cuisine*

Libre Nachhaltigkeit und ein ganzheitliches gutes Leben. Am besten bleibt man hier gleich für ein paar Tage.

✉ D943, Route de Lourmarin, 84160 Cadenet

🕐 Öffnungszeiten sind telefonisch zu erfragen: +33 4 90 6811 79 und auf der Website www.aubergelafeniere.com 🅿 Vorhanden

Die Manade Arnaud:
typische Architektur,
inmitten der Camargue

⚲ Arles **Le Mas de Peint** ✗ Unternehmen Sie von hier einen Ausflug zu den Stierherden und lassen Sie sich anschließend am Tisch nieder. Frische, gesunde Gemüseküche, das Fleisch der Stiere und dazu den Reis der Camargue. Alles direkt von der Familie Bon, die die *Manade* außerhalb von Arles seit Generationen bewirtschaftet und die alten Gemäuer zu einem kleinen, feinen und luxuriösen Rückzugsort machten, in dem ein Hotel und ein Restaurant ihren Platz haben.
✉ Route de Salin-de-Giraud, 13200 Arles
🕐 Von Mitte Mai bis Anfang November
🅿 Vorhanden   ℹ 8 Zimmer und 7 Juniorsuiten auf der Manade   🖳 www.masdepeint.com/fr/hotel-luxe-camargue-arles

Weitere

Manade des Baumelles in Les Saintes-Maries-de-la-Mer, ✉ Cabanes de Cambon D38 | **Gaudina** in Arles, ✉ 13 Rue De l'Hôtel de Ville | **Criquet** in Arles, ✉ 21 Rue Porte de Laure | **Le Chante Clair** in Les Saintes-Maries-de-la-Mer, ✉ 3 Place des Remparts

Passende Begleitung

Zwei, die sich gern zueinandergesellen – das Stierfleisch und ein roter Vin de Sable Camargue IGP.

@Home

Das Fleisch der *Taureau de Camargue* wird kaum exportiert, da die Menge sehr begrenzt ist. Genießen Sie es vor Ort oder fragen Sie auf einer *Manade,* ob man Ihnen Fleisch vakuumverpackt, auf Französisch *sous vide.* Dann hält es einige Tage, wenn Sie sich auf den Heimweg machen.

Do it yourself

Kaufen Sie sich zu Hause Rindfleisch aus nachhaltiger Tierhaltung, am besten von Produzenten, die alte Rinderrassen züchten. Ein Schmortopfgericht ist kein Hexenwerk.

Tellines à la Camarguaise

Mini-Muscheln aus dem Sand

D ie *Tellines,* kleine zweischalige Muscheln, sind eine Spezialität der Camargue. Fast wäre sie ausgestorben, und heute ist sie eine rare Delikatesse. Mit ein bisschen Anstrengung könnte man die *Tellines* sogar selbst einsammeln. Sie leben wenige Zentimeter tief im seichten Küstenwasser, eingegraben im Sand. Die *Tellines* werden auch Tellmuscheln, Dreiecksmuscheln, Koffermuscheln, Sägezähnchen oder Meeresoliven genannt, in Anspielung auf Form und Farben der kleinen Muschel. Sie kommen in Olivgrün, Handgelb oder Hellbraun vor, sind nahezu dreieckig und haben einen geriffelten Rand.

Sie fungieren als ein eigenes kleines Ökosystem, indem sie das Wasser filtern, daraus Nährstoffe ziehen und für eine Reinigung sorgen. Eine hohe Wasserqualität ist für sie ebenso lebenswichtig wie die Reinheit des Sands.

Und wieder die Römer

Tellines waren bereits im alten Rom bekannt. Auch dort galten sie als besonderer Gaumenschmaus zu besonderen Anlässen.

Bis zum zweiten Weltkrieg besserten die Fischer mit dem Fang der beliebten Meeresbewohner ihr Einkommen auf. Dann folgte eine gnadenlose Ausbeutung in den 1960er-Jahren, sodass die *Tellines* fast gänzlich verschwanden. Eine Zeit lang wurden sie schlicht überfischt und sogar die ganz kleinen Muscheln verkauft.

Überwachung wegen Wilderei

Zum Glück werden die *Tellines* mittlerweile streng geschützt. Doch auch heutzutage wollen sich manche nicht an die Vorgaben halten. Für manche Fischer geht es dabei um die pure Existenz. So sind streng reglementierte Fangquoten, Fangzeiten und Mindestgrößen zwar festgeschrieben, werden jedoch oft mit großem Spielraum interpretiert. Viele Fischer holen aus dem Meer, was nur irgendwie geht.

Der Tellinier und sein Werkzeug

Die Tellmuschelfischer der Camargue, *Telliniers* genannt, verrichten eine Knochenarbeit. Mit oftmals um die 40 Kilogramm Blei auf dem Rücken stehen sie bis zum Bauch im eiskalten Wasser des Mittelmeers. Hauptsaison ist im Winter und Frühjahr, da ist das Wasser empfindlich kalt. Eine Art großer Rechen mit Kescher, ebenfalls *Tellinier* genannt, ist ihr Werkzeug, um die

versteckten Tellmuscheln aufzuspüren und dem Meer zu entlocken. Damit muss gekonnt gearbeitet werden, ebenso mit dem Beifang. *Tellines,* die kleiner als 2,5 Zentimeter sind, müssen zurück ins Meer, um den Bestand zu erhalten.

Eine kleine Investition

Ein wahres *Plat de roi,* ein königliches Gericht, sind die kostbaren kleinen Muscheln heute. Ein Gericht, das ursprünglich eines der einfachen Fischer war, das familiär geteilt wurde und das man mit den Fingern naschte, ist zum Luxusgut geworden. Hat ein Kilogramm *Tellines* vor ein paar Jahren noch um die zwei Euro gekostet, bezahlt man heute durchaus um die 15 Euro pro Kilogramm, direkt vom Fischer.

Das Werkzeug wartet auf seine Meister: Telliniers am Strand der Camargue.

Zubereitung à la Camarguaise

Der wunderbar zarte, süßliche Grundgeschmack braucht nicht viel und verlangt nach schonender Zubereitung. Zu den *Tellines* kommt nur eine einfache Vinaigrette. In einer Pfanne mit etwas Wasser werden die Tellmuscheln gegart, bis sich die Schalen öffnen. Dabei sollte die Hitze nicht zu hoch sein.

Wenn sie abgekühlt sind, werden sie mit einer Persillade aus gehacktem Knoblauch, Petersilie und Vinaigrette versehen. Zumeist genießt sie man sie kalt zum Apéritif.

Ist man in der Camargue unterwegs und hat die Möglichkeit, selbst zu kochen, dann empfiehlt sich der Weg nach Port-Saint-Louis-du-Rhône. Bei Camargue Coquillages bekommt man die *Tellines* direkt.

Leckere Informationen

Restauranttipps

⚲ Saintes-Maries   **Le Chante Clair** 🍽️
Sehr gekonnt wird hier auf hohem Niveau mit den besten Zutaten gekocht. Zusammenarbeit mit lokalen Produzenten, kurze Wege und Nachhaltigkeit sind Herzenssache. Einflüsse aus der großen weiten Welt in traditionellen Gerichten zeugen von Mut und Geschmack.
✉ 3 Pl. des Remparts, 13460 Saintes-Maries-de-la-Mer   🕓 Mittwoch bis Montag 9–14 und 18–22 Uhr   🅿 Parkplätze im Ort
🌐 https://restaurantlechanteclair.business.site

⚲ Arles   **La Telline** ✖   Wie in der guten Stube auf einer *Manade* in der Camargue speist man an Tischen mit rot karierten Servietten. Der Besitzer ist ein ehemaliger Tellmuschelfischer. Wenn der nicht weiß, wie es geht ...
✉ Quarter Villeneuve, 13200 Arles
🕓 Freitag bis Montag 12–13:30 und 19:30–21 Uhr, Donnerstag 19:30–21 Uhr, Dienstag und Mittwoch geschlossen   🚏 Haltestelle: Villeneuve, Buslinie A10   ℹ Keine Kredit-und Bankkarten
🌐 www.restaurantlatelline.fr

Tellines en Persillade: einfacher und köstlicher geht es nicht

Weitere

La Cabane aux Coquillages in Saintes-Maries-de-la-Mer, ✉ 16 Av. Van Gogh | **Le Mazet du Vaccares** in Arles, ✉ Route Albaron Villeneuve D37

Passende Begleitung

Die *Tellines* freuen sich, wenn sie mit einem Glas Pastis zum Apéritif genossen werden. Alternativ passt ein Gris de gris IGP Sable de Camargue. Die Weine sind besonders, wachsen sie doch ausschließlich auf dem sandigen Boden.

@Home

Haben Sie einen guten Fischhändler in der Nähe, dann fragen Sie dort nach, bestellen Sie sich ein Kilo und bereiten die *Tellines* mit einer Persillade zu. Mit etwas Glück können Sie Freunde zum gemeinsam Apéritif einladen. In Österreich verkauft Fisch Gruber gelegentlich Tellmuscheln. Ansonsten kann es schwer werden, diese zu beziehen. Besser ist es, man genießt sie auf der Reise.

Gut zu wissen

Auf die Größe kommt es an – tun Sie etwas für den Schutz und kaufen Sie wirklich nur bei zugelassenen Fischern. Bereiten Sie die *Tellines* selbst zu, verzichten Sie auf Salz. Die Muscheln hatten bereits im Wasser genug. In einer Pfanne bei mittlerer Hitze die Muscheln langsam öffnen lassen, etwas Olivenöl und geriebenen Knoblauch unterrühren. Dann gehackte Petersilie darüber geben, fertig sind Tellines en Persillade

Getränke als passende Begleiter

Was wäre ein Apéritif unter Freunden ohne einen Pastis oder ein Bier der zahlreichen Brauereien? Liköre und hochprozentige Kräuterauszüge wie Lérina und Génépi runden als Digestif eine üppige Mahlzeit ab.

Cocktails und Longdrinks erleben eine Renaissance. Einige Brennereien haben sich in den vergangenen Jahren entwickelt und stellen exzellente Gins her, ergänzt um die aromatischen Kräuter der Provence.

Sirupe aus Kräutern und Früchten sind für erfrischende Getränke weit verbreitet. Viele werden heutzutage mit geringeren Mengen an Zucker produziert und haben in der Regel Bioqualität.

Weine der Region

Die Griechen besiedelten 600 v.Chr. die Provence und brachten den Wein mit. 125 v.Chr. gründeten die Römer Aix-en-Provence, entwickelten den Weinbau und verbreiteten ihn in den Gebieten um Marseille, Toulon und Fréjus. Um 1850 stand der Weinbau an erster Stelle der landwirtschaftlichen Aktivitäten. Mit der Reblauskrise 1880 verschwanden alte Rebsorten nahezu vollständig. Danach fing man an, auf Masse zu produzieren. Die ersten Herkunftsangaben folgten mit Cassis 1936 und Bandol 1941. Heute gibt es acht Appellationen. Der Weinbau veränderte sich in den letzten Jahren zunehmend. Der Trend geht zu weiterer Ertragsreduzierung zugunsten der Qualität und in vielen Gebieten zum biologischen und biodynamischen Anbau sowie zu Naturweinen.

Weine der Provence

96 Prozent der Produktion stammen aus den Appellationen Côtes de Provence, Cote-

Untrennbar verbunden mit gutem Essen sind die passenden Getränke für jede Gelegenheit. Auch hier darf die Provence aus dem Vollen schöpfen. Ob ein einfacher, rustikaler Tropfen für jeden Tag oder exquisite, prämierte Weine der besten Lagen – die Großregion bietet alles.

aux d'Aix-en-Provence, Coteaux Varois en Provence, dabei entfallen 89 Prozent auf Roséweine, 7 Prozent auf Rotweine, 4 Prozent auf Weißweine.

Bandol

Das kleine Gebiet im Hinterland von Bandol profitiert von 3.000 Stunden Sonne im Jahr und einem regelmäßigen Mistralwind, der leicht mit 100 Stundenkilometern blasen kann und damit für ein gesundes Klima sorgt. Der *manjo fango*, wie ihn die Einheimischen nennen, leckt den Regen auf, sodass Krankheiten wenig Chance haben. In der Önothek in Bandol verkostet man die Empfehlungen von Pascal Pèrier, dessen Herz ganz für die Weine schlägt.

Les Baux-de-Provence

Nahezu vollständig umgestellt auf biologischen Weinbau haben die Winzer des winzigen Gebiets rund um die Alpilles.

Bellet

Ein rarer Genuss sind die Weine der winzigen Appellation außerhalb von Nizza. Lokale Rebsorten wie die aromatische weiße Rolle oder die roten Fuella und Braquet fangen das besondere Terroir ein. Probieren Sie sie vor Ort oder direkt bei den Winzern, ins Ausland werden nur wenige Weine verkauft.

Cassis

Die körperreichen Weißweine des Gebiets vervollständigen wunderbar eine *Bouillabaisse* oder Gerichte mit gegrilltem Fisch und Krustentieren.

Coteaux d'Aix-en-Provence

Die größte Menge der Produktion entfällt auf leichte, fruchtige Roséweine. Tolle Cuvées aus den geringen Mengen an weißen Rebsorten wie Clairette, Rolle und Bourboulenc geben runde, kraftvolle Weine.

Coteaux Varois en Provence und Côtes de Provence

Am einfachsten ist es, das breite Spektrum der Weine der beiden großen Appellationen in den Maisons des Vins zu verkosten: im Maison des Vins Coteaux Varois en Provence in La Celle und im Maison des Vins Côtes de Provence in Les Arcs sur Argens

Palette

Auf knapp 50 Hektar entstehen vor den Toren von Aix-en-Provence charakterstarke Weine. Die Rotweine mit eleganten Noten von Pinienholz und Veilchen sind gut lagerfähig.

@Home

Gute französische Weine finden Sie im Lebensmitteleinzelhandel, zum Beispiel bei Edeka und Rewe, und natürlich im Weinhandel wie bei Jacques' Weindepot oder dem lokalen Weingeschäft in Ihrer Nähe.

Weine der südlichen Rhône

Weltweit bekannte Appellationen, die hier die Bezeichnung Cru haben, sind Châteauneuf-du-Pape, Gigondas, Vacqueyras und Beaumes-de-Venise. Die natursüßen Weine Muscat-de-Beaumes-de-Venise in Weiß und Rasteau in Rot sowie die links der Rhône gelegenen Satelliten-Appellationen Pierrevert, Ventoux und Côte du Luberon ergänzen das vielfältige Spektrum an hervorragenden Weinen.

@Home

im Lebensmitteleinzelhandel und im spezialisierten Weinhandel

Bier

Auch im Süden gibt es eine lebendige Bierkultur. Der Trend zum Craftbier, ökologisch gebraut, setzt sich zunehmend durch und bereichert das Sortiment der durchaus zahlreichen *Caves à bières*. Viele Brauereien, Brasserie im Französischen, können besichtigt und die Biere vor Ort probiert werden. Selbst das Oktoberfest hat in der Provence Einzug gehalten. Marseille feiert jährlich, und in Aix-en-Provence haben sich die »Bierbrüder« Johannes Höger und Alexander Bitsch niedergelassen, um nach deutschem Reinheitsgebot zu brauen.

Größere und kleinere Brasserien

Im Gebiet der Provence wird umfangreich Bier gebraut. Sehr gute Brauereien findet man in allen Départements:

Alpes-de-Haute-Provence (04)
- **Brasserie des Hautes Vallées** in Saint-Paul-sur-Ubaye (www.la-sauvage.fr)
- **Brasserie Saveurs et Nature** in Moustiers-Sainte-Marie (www.moustiers.fr/fr/commerce-service/saveurs-nature)

Hautes-Alpes (05)
- **Brasserie Artisanale des Grands Cols** in Briançon (www.latourmente.com)
- **Brasserie Les Bières du Crépuscule** in Saint-Julien-en-Champsaur (www.microbrasseries-françaises.fr/Brasserie%20Les%20Bieres%20du%20Crepuscule.html)

Alpes-Maritimes (06)
- **Brasserie du Barbare** in La Turbie
- **Brasserie Mare Nostrum** in Castillon-Menton

Bouches-du-Rhône (13)
- **Aquae Maltae** in Aix-en-Provence (www.aquaemaltae.com)
- **Brasserie de la Plaine** in Marseille (www.brasseriedelaplaine.fr)

Var (83)
- **Brasserie Artisanale La Maure** in Bormes-les-Mimosas (www.facebook.com/bap.lamaure)
- **Brasserie L'Esperluette** in Esparron-de-Pallières (www.facebook.com/biereprovence)

Vaucluse (84)
- **Brasserie Artisanale du Mont Ventoux** in Carpentras (www.brasserie-ventoux.com)

Caves à bières

Ähnlich wie Weinhandlungen funktionieren die *Caves à bières* – Geschäfte, die eine Auswahl an Bieren vertreiben und zumeist Bier vom Fass und kleine Snacks anbieten. In Pernes-les-Fontaines braut La Mousse Gourmande eigenes Bier und bietet um die 50 weitere an.

Alpes-de-Haute-Provence (04)
- **La Boutique de la Bière** (www.laboutiquedelabiere.com) in Sainte-Tulle

Hautes-Alpes (05)
- **La Petite Mousse** in Embrun

Alpes-Maritimes (06)
- **1001 Bières** in Nizza

Bouches-du-Rhône (13)
- **La Route des Bières** (www.laroutedesbieres.fr) in Aix-en-Provence
- **La Cane Bière** (www.la-cane-biere.fr) in Marseille

Pastis, Anisette ♀

1940 wurde dem Pastis vorgeworfen, die Soldaten weich gemacht zu haben. Man machte ihn für die französische Militärniederlage verantwortlich. 1951 wurde der Apéritif aus Anis endlich wieder zugelassen. Neben Big Playern wie Pernod Ricard finden sich am

Markt bekannte Namen wie Bardouin und Janot. Erfreulich viele kleine Hersteller haben sich ebenfalls etabliert, zum Beispiel Pastis 1212 aus Saint-Tropez. Hier spricht auch die Verpackung für sich: Dem Kultgetränk der Pétanque-Spieler wird auf der Flasche gleich ein *Cochonnet* (Schweinchen) aufgesetzt, die Zielkugel beim Pétanque. *Preis ab ca. 20 € für 1 l, @Home im Lebensmitteleinzelhandel*

Absinth 🍸 ★

Die »grüne Fee«, wie Absinth auch genannt wird, wurde 1915 in Frankreich verboten. Im Jahr 2000 brachten die Distilleries et Domaines de Provence erstmals wieder Absinth auf den Markt. Ein Spitzenprodukt ist der Eliz Absinthe de Provence von Ferroni, der einen in die Provence des 19. Jahrhunderts katapultiert. *Preis ab ca. 40 € für 0,7 l, @Home: europaweiter Versand über www.rhumattitude.com*

Frigolet, das Elixier von Père Gaucher 🍸

Frigolet, auch das Elixier von Père Gaucher genannt, ist ein Likör, der ursprünglich von Mönchen in der Abtei Saint-Michel de Frigolet in Tarascon entwickelt wurde. Die Komposition des Elixiers umfasst eine Basis aus Honig und Extrakten verschiedener, in der Montagnette gepflückter Pflanzen, darunter Thymian und Rosmarin. *Preis ab ca. 25 € für 0,7 l*

Lérina 🍸

Hergestellt von der Klostergemeinschaft der Abtei von Lérins, enthält der Likör eine geheime Auswahl an Kräutern, Gewürzen und Früchten, die in Alkohol mazerieren. Grüner Lérina hat intensive florale Aromen mit Noten von Minze, Eisenkraut und Anis.

Gelber Lérina besteht aus Wildblumen und Zitrusschalen. *Preis ab ca. 40 € für 0,75 l*

Génépi 🍸

Der goldgelbe Génépi-Likör wird durch alkoholische Mazeration der oberirdischen Teile der Ährigen Edelraute *(Artemisia genipi)* gewonnen. Die Pflanze gehört zu den Beifußarten der Gattung Artemisia, die fast ausschließlich im Gebirge wachsen. *Preis ab ca. 25 € für 0,7 l, @Home: www.drinkology.de*

PAC – Blachère

Pac Citron ist der bekannteste Zitronensirup der Provence. Die Geburtsstunde von Pac Citron schlug in den frühen 1960er-Jahren, als der Chef der 1835 gegründeten und heute ältesten Brennerei der Provence nach einem heißen Sommer beschloss, ein neues Getränk zu kreieren. Es sollte gelb wie die Sonne sein, aber niemandem den Kopf verdrehen. Fast sechzig Jahre später wird das Getränk noch immer in Châteauneuf-du-Pape hergestellt. *Preis ca. 4 € für 0,7 l, @Home: www.distillerieablachere.com/fr/content/1-livraison*

Sirup

In der sonnenverwöhnten Provence finden Sie auf nahezu allen Märkten ein umfangreiches Angebot an Frucht- und Kräutersirupen. Doch Augen auf, achten Sie auf eine hochwertige Qualität. Fragen Sie nach Zuckeranteil und Zusatzstoffen. Sirup aus fair gehandelten Zutaten, ausschließlich in Bio-Qualität, weniger gesüßt und ohne künstliche Aromen oder Farbstoffe gibt es vom Mini-Produzenten Cueilleur de Douceurs. Die Website informiert über alle Bezugsquellen. *Preis ca. 6–10 € für 500 ml, @Home: www.cueilleurdedouceurs.fr*

Getränke

Gemüse und mehr

Schöpfen Sie aus dem vollen Gemüse-
und Obstgarten der Region und verwöhnen Sie nicht nur ihren Gaumen,
sondern genießen mit allen Sinnen –
Augen und Nase inklusive

Oliven und Olivenöl

VEGAN

Ein Hauch von Ewigkeit

*E*in Hauch von Ewigkeit weht mit dem Wind durch die Zweige der Olivenbäume, wenn man in einem der vielen Haine oder bei der Rast am Straßenrand unter wilden Bäumen steht.

Die Region Provence-Alpes-Côte d'Azur steht ganz vorn in der Produktion von Oliven und dem Öl, das aus ihnen gewonnen wird. Der Olivenanbau ist damit einer der wichtigsten Wirtschaftszweige der gesamten Region. Ein Baum trägt nach ungefähr vier bis zehn Jahren Früchte, nach etwa 35 Jahren hat er seine Hochzeit erreicht und geht in den Ruhestand.

Ernte und Verarbeitung

Der Olivenbaum folgt einem Zweijahresrhythmus, nicht jeder Zweig bringt jährlich Früchte hervor. Die Ernte der grünen Oliven beginnt zumeist im Oktober, auch wenn bereits zum Sommerausklang Ende August erste Exemplare geerntet werden können. Reifere Früchte werden ab Ende November, Anfang Dezember gepflückt, vollständig ausgereifte Ende Dezember, Anfang Januar. Die Farben unterscheiden sich und sind abhängig vom Reifegrad.

Traditionell werden Oliven von Hand und mit einem Rechen von den Zweigen geschüttelt. Engmaschige Netze unter den Bäumen fangen die Früchte auf. Brachial mutet die Methode an, ganze Äste abzuschneiden, um im Anschluss die Früchte abzunehmen. Da die Bäume beschnitten werden müssen, ist das jedoch ein sinnvoller Arbeitsgang.

Oft erledigen Rüttelmaschinen die Arbeit an den Bäumen. Eingesetzt werden können die Maschinen allerdings nur in ebenem Gelände.

Entscheidend für die Qualität des Olivenöls ist der Erntezeitpunkt. Überreife Oliven, die von allein vom Baum fallen, ergeben zumeist Öle von minderer Qualität.

Für alle Oliven gilt, dass sie direkt nach der Ernte nicht zum Verzehr geeignet, sondern ungenießbar und extrem bitter sind. In der Ölmühle erhalten sie ihre Behandlung, um sich in wohlschmeckende Früchte zu verwandeln: Nach dem Waschen und Verlesen werden sie gewässert, um die Bitterstoffe zu extrahieren, und anschließend in Salzlake gelegt. Das macht die Oliven mürbe. Für die Herstellung von Öl sind diese Vorgänge nicht nötig.

ches-du-Rhône (13), die Salonenque rund um Salon-de-Provence. Häufig kommt die Sorte Aglandau vor. Sie liefert einen Großteil der Gesamtproduktion an Olivenöl. Auf sie trifft man häufig im Département Vaucluse (84). Die Sorte wird auch Verdale de Carpentras genannt. Die eher unbekannte Petit Ribier wächst zwischen Draguignan und Fayence. Besonders bekannt ist die schwarze Sorte Tanche aus Nyons. Im Gebiet um Nizza gedeiht Cailletier, die auch unter diversen anderen Namen bekannt ist, unter anderem Olive Noire de Nice, Pendoulié oder Olivier de Grasse. Die Sorte Grossane ist die einzige, die im Vallée des Baux-de-Provence für die Produktion schwarzer Oliven erlaubt ist.

Sortenvielfalt

In der Region wird eine Vielzahl verschiedener Sorten angebaut. Grüne Sorten wie Picholine findet man im Département Bou-

Wie grünes Gold gewonnen wird

Früher nutzte man große Mahlsteine aus Granit, die die Ernte zu einem saftigen, ölhaltigen Brei verarbeiteten. Dieser wurde

Olivenernte will gekonnt sein: Die Früchte sind empfindlich und müssen unversehrt bleiben.

von Hand schichtweise auf Sisalmatten aufgetragen, die man anschließend aufeinan-
derstapelte und presste. Das Wasser-Öl-Ge-
misch wurde in Absetzbecken aufgefangen
und voneinander getrennt. Diese Methode
ist nahezu unverändert geblieben. Beim
Kollergang rollen heute riesige Steine, an-
getrieben durch Motoren, über die Früchte
und zerquetschen Fruchtfleisch und Kerne
zu einem gleichmäßigen Brei, der dünn auf
Nylonmatten gestrichen wird. Eine hydrau-
lische Presse presst die gestapelten Mat-
ten. Wasser und Öl werden per Zentrifuge
schnell getrennt, da zu viel Sauerstoff der
Qualität schadet. Aus etwa fünf Kilo Oliven
gewinnt man so etwa einen Liter Öl. Der zu-
rückgebliebene fest gepresste Rest der Olive wird oft getrocknet und dient als Dünger
für die Bäume. Viele Ölmühlen betreiben
ihre Heizanlagen auch mit Pellets aus den
gestoßenen Olivenkernen.

Kaltgepresste Öle in Spitzenqualität

Zunächst unterscheidet man drei Arten von
Olivenölen: Öle aus grünen, unreif geernteten Früchten *(Fruité vert)* haben Aromen von
Kräutern, frisch gemähtem Gras, Artischocken und frischen Mandeln. Das intensive,
pfeffrige Öl passt hervorragend zu rohem
Fisch, Meeresfrüchten mit leichten Saucen
oder vollreifen Tomaten.

Als *Fruité mûr* werden Öle aus reif geernteten Früchten bezeichnet. In ihnen findet
man Aromen von Trockenfrüchten und blu-
migen Noten. Eine *Ratatouille* freut sich über
dieses Öl, und auch in der Pâtisserie findet es
sowohl für herzhafte als auch für süße Kuchen Verwendung. Die *Fougasse* braucht den
verschwenderischen Umgang mit diesem Öl.

Die Bezeichnung *Fruité noir* auf Ölfla-
schen gibt an, dass die reif geernteten

Früchte vor der Pressung einer Fermentation unterzogen wurden. In diesen Ölen trifft man auf Aromen wie Pilze, frischer Waldboden oder sogar Kakao. Seine ganze Kraft kann ein solches Öl in einer *Daube provençale* oder einer geschmorten Lammschulter entfalten.

Geschützte und kontrollierte Ursprungsbezeichnung

Hohe Qualitätsmaßstäbe müssen eingehalten werden, um die Bezeichnung für den geschützten und kontrollierten Ursprung zu bekommen. Öle aus den Gebieten Aix-en-Provence, Haute-Provence, Nizza, Nyons und Vallée des Baux-de-Provence dürfen bei Einhaltung strenger Anbau-und Verarbeitungsrichtlinien das europäische Siegel Appellation D'Origine Protégée (AOP) tragen.

Qualitäten

Huile d'olive vierge extra bezeichnet kaltgepresste native Öle der ersten Pressung und hat beste Qualität. *Huile d'olive vierge* ist ein natives Öl von guter Qualität, ebenfalls aus erster Kaltpressung. Eine ordentliche Qualität, oft aus der zweiten Pressung, kaltgepresst und nativ, ist das *Huile d'olive vierge courante*. Zum besseren Verständnis: Die Bezeichnung *Huile d'olive* ohne weiteren Zusatz bezeichnet häufig eine Mischung aus kaltgepressten und raffinierten Ölen. Die Extraktion erfolgt unter Einsatz von Chemikalien. Sowohl im Sinne des Geschmacks als auch wegen gesundheitlicher Aspekte sollte man besser darauf verzichten.

Gesundheitsförderlich

Seit Jahrzehnten wird die ursprüngliche, mediterrane Ernährungsweise empfohlen. Olivenöl gehört unbedingt dazu. Sein hochwertiges Fett ist die Grundbasis für die gesunde Ernährung. Leicht verdaulich und magenfreundlich, schützt es gegen Magengeschwüre und Gallensteine. Die vielen ungesättigten Fettsäuren sind guter Schmierstoff für die Blutgefäße. Grund genug, reichlich davon zu verzehren. In Rezepten wie *Grand Aïoli, Tapenade, Ratatouille* oder einfach so, zum Auftunken mit einer Scheibe frischem Brot – nichts geht ohne gutes Olivenöl.

Besichtigung & Verkostung

📍 **Cadenet**   **Bastide du Laval**
So gut, dass selbst der Elysée-Palast
hier bestellt! Das Ehepaar Coupat hat
lange Zeit in den USA gearbeitet, bis
es die beiden in den 1990er-Jahren
in den Naturpark Luberon zog, wo
sie die Ölmühle aufbauten. Anwesen
und Mühle werden ökologisch bewirtschaftet. Wenn möglich, sollte man
Ende Oktober das erste, unfiltrierte,
leicht trübe Öl probieren und gleich ein
paar Flaschen mitnehmen. Liebevolle
Führungen und Verkostungen, Kochkurse und Olivenöl-Seminare werden
angeboten. Die Familie vermietet ein
großzügiges Ferienhaus, angrenzend
an die Ölmühle, jedoch mit separatem
Zugang.
✉ 199 Chem. De la Royère, 84160 Cadenet
🕐 Montag–Samstag 10–13 und 15–19 Uhr, Sonntag geschlossen, außerhalb der Saison auf der
Website informieren www.bastidedulaval.com
🅿 Parkplatz vorhanden

📍 **L'Isle-sur-la-Sorgue**   **Domaine
Leos**   Das Anwesen von Sänger und
Schauspieler Patrick Bruel befindet
sich auf den Überresten einer alten
römischen Siedlung. Mittelmäßigkeit
liegt ihm nicht, die außergewöhnliche
Qualität der Öle geht mit besonderem
Design einher. Bruel arbeitet mit den
besten Köchen Frankreichs. Auszeichnungen und Medaillen bekommen seine
Öle in schöner Regelmäßigkeit nicht nur
in Frankreich, sondern weltweit.

✉ Chemin de Margoye, 84800 L'Isle-sur-la-
Sorgue 🌐 Auf Website informieren:
www.hdeleos.com 🅿 Parkplatz vorhanden

Weitere
Huilerie Sainte-Anne in Grasse, ✉ 138 Route
de Draguignan | **Soffiotti&fils** in Sospel,
✉ Col Saint-Jean, 06380 Sospel | **Moulin
CastelaS** in Les Baux-de-Provence, ✉ Mas
de l'Olivier | **La Balméenne** in Beaumes-de-
Venise, ✉ 82 Av. Jules Ferry

Passende Begleitung

Oliven und Olivenöl gehören zum Apéritif wie singende Zikaden und Lavendel
in den provenzalischen Sommer. Gegen
17 Uhr nimmt man ein Glas gekühlten
Rosé, einen Pastis oder ein Wasser mit
Sirop de Citron de Menton zum Apéritif,
lässt den Tag ausklingen und läutet
gesellig den Abend ein.

@Home

Wenn man das Öl nicht aus dem Urlaub
mitbringen mag, weil der Platz im Auto
nicht reicht: Viele größere Ölmühlen
versenden auch ins Ausland oder haben
Händler, die ihre Produkte im deutschsprachigen Raum vertreiben.
Online findet man eine gute Auswahl
an Oliven und Öl aus der Provence bei
www.bosfood.de/suche/
Olivenöl%20provence

Do it yourself

Man muss sich nur trauen und das herr-
liche Experiment wagen, Oliven selbst
einzulegen. Mit etwas Geduld freut man
sich nach einigen Wochen und genießt
Oliven nach individuellem Geschmack.
Die frischen Oliven an jedem Ende
kreuzweise einschneiden. Pro einem Liter
Wasser 500 Gramm Salz verwenden und
die Oliven 24 Stunden lang in dieser Lake
belassen. Die Lake die kommenden zehn
Tage täglich wechseln. Sollte die Lake zu
salzig schmecken, einfach mit klarem Wasser wässern. Bestens geeignet sind dafür
1,5-Liter-Plastikfalschen. Die Lake lässt
sich einfach ausgießen und neue auffüllen.
Nach den zehn Tagen können die Oliven
konserviert werden. Dafür ein luftdicht
verschließbares Glas abwechselnd mit
Oliven und Kräutern nach Wahl befüllen.
Gute Sauberkeit ist unabdingbar! Knoblauch, Rosmarin und Thymian eignen sich
sehr gut, auch ein paar Schnitze unbe-
handelte Zitrone. Alles muss mit Olivenöl
bedeckt werden, ansonsten kann sich
Schimmel bilden. Nach sechs bis acht
Wochen sind die Oliven verzehrbereit.

Gut zu wissen

Nicht alle eingelegten Oliven, die auf
den provenzalischen Märkten verkauft
werden, sind aus der Provence. Am besten kauft man die eingelegten Früchte
ebenfalls in der Ölmühle. Wer zur Ern-
tezeit unterwegs ist, fragt nach ein paar
Handvoll zum Selbsteinlegen zu Hause.
Alternativ gibt es frische Oliven oft auf
Märkten zu kaufen.
Dunkel, kühl und trocken gelagert, ist
Olivenöl bis zu zwei Jahre haltbar. Da es
so gut ist, am besten häufig verwenden.

Auch die Moulin CastelaS
in Les Baux-de-Provence
bietet hervorragende Öle.

Soupe au Pistou

VEGAN

Sonntagabends an den Familientischen

Eine Italienerin in Marseille

*A*uch wenn, *bien sûr,* die *Soupe au Pistou* aus der provenzalischen Küche nicht mehr wegzudenken ist – sie wurde zuerst in den Küchen von Genua gekocht. Anfang des 20. Jahrhunderts kamen italienische Familien nach Marseille und ließen sich auf der Suche nach Arbeit an der Küste nieder. Im Gepäck hatten sie reichlich Rezepte, und so fand auch die Gemüsesuppe mit Pistou ihren Weg in die Provence.

Noch heute ist die Suppe durchaus verbreitet als ein Gericht, das in der Familie an einem Sonntagabend gemeinsam eingenommen wird.

Könnte man eine Woche schöner und vor allem köstlicher abschließen … Wagen Sie sich ran und bringen Sie den sommerlichen Suppenklassiker als Vorspeise auf den Tisch.

Pistou oder Pesto

Pistou ist ein provenzalisches Wort, das »zerdrücken« bedeutet. Es bezieht sich auf den Mörserstößel, der zur Herstellung verwendet wird. *Pistou* ist zwar eine Variation des italienischen Pestos, wird allerdings ohne Pinienkerne und Parmesan zubereitet.

Das wahre Rezept (wenn es eines gibt)

Fragt man nach dem wahren Rezept, bekommen Sie so viele Rezepte wie Sie Menschen befragen. Eins ist klar: Die *Soupe au Pistou* ist ein Sommergericht. In ihr finden sich all die wunderbaren gereiften Gemüse, die von der Sonne verwöhnt wurden.

Die Suppe kann heiß oder kalt gegessen werden. Einfach und reichhaltig wird das Gericht mit Gemüse und Hülsenfrüchten der Saison: grüne, rote und weiße Bohnen, Tomaten, Fenchel, Zucchini, dazu kleine Nudeln. Das *Pistou* aus Knoblauch, Basilikum und Olivenöl verfeinert und ergänzt die Suppe mit Frische und Tiefe.

Für noch ein bisschen mehr Wumms geben einige gern ein paar Scheiben Schinken hinzu oder italienische Salsiccia. Einen eleganten Touch erhält die Suppe mit kleinen Muscheln wie *Coquillettes*.

Wettbewerb im Sommer

Seit einigen Jahren findet am ersten Samstag im Juli das Championnat du Monde de Soupe au Pistou in Miramas statt. Ein herrlicher Festtag, an dem es in unzähligen Kochtöpfen brodelt, wenn die Suppe vor Ort von verschiedenen Teams gekocht wird, die aus Familienmitgliedern, Arbeitskollegen oder Mitgliedern des örtlichen Pétanque-Vereins bestehen. Eine offizielle Jury bewertet alle Suppen, anschließend wird alles gegessen, und alle sind Sieger. Schließlich geht es hauptsächlich darum, eine gute Zeit miteinander zu verbringen.

Pistou hausgemacht – keine Zauberei, sondern ganz einfach

Leckere Informationen

Restauranttipps

📍 **Fayence** **Le Castellaras** 🍽 Willkommen fühlt man sich bei Hermance und Quentin auf der Terrasse unter Schatten spendenden Platanen. Kreativ und anspruchsvoll wird provenzalische Küche geboten. Exquisit und gleichzeitig nahbar, familiär eben.

✉ Le Castellaras 461 Chemin de Peymeyan, 83440 Fayence 🕐 Mittwoch bis Sonntag 12–13:30 und 19–21 Uhr, Montag und Dienstag

geschlossen 🅿 Parkplätze vorhanden
ℹ️ Fünf sehr schöne Zimmer zur Übernachtung 🌐 www.restaurant-castellaras.com

📍 **Tourtour   La Table du Mas** ✗   Das
Restaurant gehört zum Hotel Le Mas
des Collines, im Hinterland des Var (83),
am Tor zur Provence verte und dem
Naturpark Verdon, zwischen dem See
Sainte Croix und der Verdonschlucht.
Frische, saisonale Gemüseküche mit
traditionellen Akzenten der guten provenzalischen Küche.
✉️ Quartier Camp Fournier, 241 Chemin des
Collines, 83690 Tourtour 🅿 Parkplätze vorhanden 🕐 Öffnungszeiten sind telefonisch
zu erfragen: +33 4 94 70 59 30 ℹ️ Reservierung auf der Website www.lemasdescollines.fr
oder telefonisch

Weitere

Les Embruns in La Ciotat, ✉️ 161 Av. de Saint-
Jean | **La Tarte Tropezienne®** in Saint-Tropez,
✉️ 420 Av. Des Narcisses Place de Lices | **La
Fabriquerie** in Marseille, ✉️ 71 Av. De la Corse

Passende Begleitung

Ich übernehme hier gern die Empfehlung
von Laura Vidal, der großartigen Som-
melière meines Lieblingsrestaurants La
Mercerie in Marseille. Sie empfiehlt einen
gut gekühlten Bandol Rosé mit kräftigen
Kräuternoten *(herbacé)* – fragen Sie
nach einem Wein mit diesen Aromen.

@Home

Eric Menchon vom Restaurant Le Moisso-
nier in Köln erweitert die klassische Gemüsesuppe und serviert sie mit Rotbarbe.
Herbert Brockel und Tobias Schlimbach
wagen Ausflüge in die Provence und
präsentieren eine *Soupe au Pistou* in den
alten Burgmauern in Nideggen!

Gut zu wissen

Mit der *Soupe au Pistou* ist es wie mit
allen Suppen: Am nächsten Tag aufwär-
men und sie schmeckt noch besser!

Gemüse und mehr

Kleines Bistro in den
Markthallen von Avignon

Ratatouille

VEGAN

Ein simples Gericht

*W*enn etwas so gut ist, dass es nur vier Gemüsesorten braucht, um richtig aufzutrumpfen, dann kann es sich nur um die *Ratatouille* handeln. In die provenzalische Gemüsepfanne gehören Zucchini, Auberginen, Paprikaschoten und Tomaten. Dazu kommen Zwiebeln und Knoblauch, Olivenöl und das typische *Bouquet garni,* ein Kräutersträußchen aus Rosmarin, Thymian, Majoran, Bohnenkraut, Estragon, dazu oft Salbei und Lorbeerblatt. Kaum ein Gericht steht so sehr für die provenzalische Küche und hilft auch in der heimischen Küche dabei, ein Sommerurlaubsgefühl herbeizukochen oder es nach dem Urlaub zu verlängern.

Sie wollen den Sommer noch ein bisschen länger schmecken? Dann kochen Sie die Ratatouille in Gläsern ein. So haben Sie im Winter die Sonne und den Geschmack der Provence auf dem Teller.

Arme-Leute-Essen

Ursprünglich stammt die *Ratatouille* aus der Küche der armen Leute rund um Nizza. Wer wenig hatte, musste aus dem Wenigen etwas auf den Tisch zaubern. Ob dabei vordergründig an den Geschmack gedacht wurde, mag bezweifelt werden.

Trotzdem, die provenzalische Sonne meinte es schon immer gut, und so darf davon ausgegangen werden, dass selbst das bescheidene Essen aus Gemüseresten und manchmal sogar Abfällen wohlschmeckend war. Stundenlang wurden die Gemüse eingekocht und gewannen so an Konzentration im Geschmack. Die reichhaltige Verwendung von Kräutern tat ihr Übriges.

Auf Okzitanisch, der alten Sprache, die in manchen Dialekten noch heute gesprochen wird, heißt das Gericht *ratatolha, rata-*

touio oder *ratatoulho*. Simon-Jude Honnorat übersetzte das Wort in seinem Wörterbuch der provenzalischen Sprache aus dem Jahr 1846 mit »Suppe für die Ratten«.

Im französischen Militärjargon des achtzehnten Jahrhunderts war *rata* ein nicht sehr appetitlich anmutender kunterbunter Eintopf, der endlos lange gerührt und in den Kantinen des achtzehnten Jahrhunderts an die Soldaten ausgegeben wurde.

Puristisch oder verschwenderisch

Über die Grundzutaten des Gemüsetopfs herrscht Einigkeit. Anders sieht es mit der Zubereitung aus. Puristen schwören darauf, jedes Gemüse einzeln in Olivenöl anzubraten, bis der richtige Gargrad erreicht ist, und erst im Anschluss alles zu vermengen.

Eric Sapet, Sternekoch aus Cucuron, geht sogar so weit, dass er die einzelnen Gemüse in feinen Lagen übereinanderstapelt und sie dann kunstvoll in Steingut anrichtet. Seine *Ratatouille* ist eine provenzalische Ode an das Gemüse.

Im nur noch antiquarisch erhältlichen Kochbuch *La Cuisinière Provençale* von Jean-Baptiste Reboul von 1910 ist das Rezept kurz und knapp auf acht Zeilen gehalten: Paprikaschoten, Auberginen und Zucchini werden in grobe Stücke geschnitten, dazu kommen die gehackten Tomaten, Kräuter, Knoblauch und Olivenöl, minimal Salz und Pfeffer. Dann wird alles auf kleiner Flamme mehrere Stunden geköchelt. *C'est tout* – das ist alles.

Ein Gemüsegericht auf Siegeszug

Die *Ratatouille* ist eine Alleskönnerin. Sie hält als Hauptgericht her und schmeckt als Beilage zu gegrilltem Fisch oder Fleisch hervorragend. Im Hochsommer wird sie in der Provence in einigen Restaurants lauwarm serviert. Herrlich bei Sonnenuntergang nach einem ausgiebigen Strandtag und mit einem kühlen Roséwein im Glas.

Für ein Picknick ist die *Ratatouille* ebenfalls eine wunderbare Begleiterin. Portionsweise in Gläser gefüllt, lässt sie sich transportieren und schmeckt am Tag nach der Zubereitung noch besser, auch kalt.

Sowohl einfache Landrestaurants als auch große, gediegene Restaurants lieben das Gericht, weil die Aufmerksamkeit auf

Eric Sapet kann nicht nur Ratatouille, ein begnadeter Gastgeber ist er ebenfalls.

der guten Qualität der Produkte liegt und die Zutaten selbst im Fokus stehen.

Verwandte hat die *Ratatouille* im gesamten Süden Frankreichs sowie in Italien. In Sizilien und Neapel kennt man *Caponata*, in der baskischen Küche trifft man auf *Piperade* mit Piment d'Espelette.

In den Weinbergen von Château la Canorgue im Luberon

Leckere Informationen

Restauranttipps

♀ **Cucuron** **La Petite Maison** 🍽

Keiner geht so liebevoll mit seinen Speisen um wie Eric Sapet. In seinem Restaurant zu essen ist wie an einem provenzalischen Familientisch Platz zu nehmen und sich richtig verwöhnen zu lassen. Das Drei-Gänge-Abendmenü gibt es für 60 Euro, mittags kann man Gerichte auch für außer Haus bestellen.

✉ La Petite Maison de Cucuron, Place de l'Etang, 84160 Cucuron 🕐 Mittwoch bis-Sonntag, mittags und abends, Montag und Dienstag geschlossen Ⓟ Parken im Ort 🌐 www.lapetitemaisondecucuron.com

♀ **Lardiers** **Café de la Lavande** ✕

Eine kleine provenzalische Oase, die einen sofort einhüllt. Von Forqualquier fünfzehn Minuten entfernt, auf dem Weg nach Banon, kann man hier in uriges

Ambiente eintauchen. Ausschließlich
saisonale Küche wird serviert, klassische
Gerichte der Provence gibt es sowieso.
Alle Zutaten stammen aus der Gegend.
Eine schöne schattige Terrasse bietet
Schutz vor der heißen Sonne im Sommer.

✉ Place de la Lavande, 04230 Lardiers
🕐 Mittagsservice 12–15 Uhr, Abendservice 19–
20:15 Uhr, November bis Ostern abends nur mit
Reservierung, Montag geschlossen, zusätzlich
Dienstag im Winter P Parken im Ort 🚫 Keine
Kreditkarten 🌐 www.mojolardiers.com

Weitere

Oliviera in Nizza, ✉ 8 bis, rue du Collet | **La
Bergerie** in Bonnieux, ✉ Chemin des Cabannes

Passende Begleitung

Die *Ratatouille* verlangt geradezu nach
einem Rosé. Unbedingt empfehlenswert
sind die Weine der winzigen Appellation
AOC Bellet außerhalb von Nizza. Sehr
stimmig sind auch die Roséweine der
AOC Bandol, zum Beispiel ein rebsor-
tenreiner Mourvèdre.
Viele Restaurants bieten mittlerweile
hausgemachten *Thé glacé* (Eistee)
an, oft mit den Kräutern der Provence.
Nicht zu süß, begleitet er gut eine
Ratatouille.

@Home

www.franzoesischkochen.de/
shop/products/
ratatouille-aus-der-provence-300g

www.all-bio.de/Bio-Lebensmittel/
Fertiggerichte-Konserven/
Gemuesekonserven/
Bio-Ratatouille-340-g.html

Do it yourself

Zutaten für 6 Personen

500 g	Auberginen, in Stücke ge- schnitten
500 g	Gelbe und grüne Zucchini, in Stücke geschnitten
500 g	Gelbe und rote Paprika, in Stücke geschnitten
3	Zwiebeln, in feine Scheiben geschnitten
700 g	Tomaten, abgezogen, entkernt, grob gehackt (alternativ 500 g stückige Tomaten aus der Dose)
4	Knoblauchzehen, fein gehackt
1	Bouquet garni
	Olivenöl
	Salz, Pfeffer

Zubereitung

Im Schmortopf wenig Olivenöl verlau-
fen lassen. Auberginen, Zucchini und
Paprika nacheinander darin anbraten,
herausnehmen und beiseitestellen. Das
verbliebene Öl mit einem Küchenpapier
aus dem Topf wischen. Frisches Olivenöl
hineingeben, die Gemüse wieder dazugeben. Zwiebeln, Tomaten, Bouquet garni,
Knoblauch, Pfeffer und etwas Salz zufü-
gen. Zugedeckt bei kleiner Hitze 1 Stunde
schmoren lassen. Gelegentlich umrüh-
ren. Falls nötig, noch etwas Olivenöl oder
2–3 EL kochendes Wasser dazugeben.
Die *Ratatouille* warm oder kalt servieren.

Gut zu wissen

Ein kleiner Spritzer Zitronensaft oder
Weißweinessig hebt den Geschmack
und bringt noch ein bisschen mehr Frische ins Gericht. Kräftiger wird es, wenn
man eine Handvoll schwarze Oliven mit
Stein dazugibt.

(Petit) Épeautre aus der Haute Provence

VEGAN

Nahrhaft und hochwertig

*D*inkel, auf Französisch *épeautre,* erlebt eine regelrechte Wiedergeburt. Der Naturlandschaft der Haute Provence verleiht er eine neue Dynamik und trägt aktiv zum Erhalt der Biodiversität bei. Das Getreide von außergewöhnlicher Qualität und mit besonders hohem Nährwert besitzt die geschützte geografische Angabe IGP,

Das kleine Dinkelproduktionsgebiet Haute Provence liegt an den Grenzen der Regionen Rhône-Alpes und Provence-Alpes-Côte d'Azur und ist verteilt über die vier Departements Drôme (26), Alpes-de-Haute-Provence (04), Hautes-Alpes (05) und Vaucluse (84).

Die Rückbesinnung auf dieses wertvolle Getreide ist erfreulich. Viel zu oft finden wir heutzutage minderwertige Produkte, die nicht gut bekömmlich sind.

Die Ursprünge der Landwirtschaft

Petit épeautre, auch *engrain* genannt, bezeichnet Einkorn, das als Vorläufer von Dinkel und Weizen gilt. Es hat seinen Ursprung im Karadag-Gebirge im Südosten der heutigen Türkei. Als Jäger und Sammler vor mehr als 10.000 Jahren begannen, die Samen des wilden Getreides auszusäen, schlug die Geburtsstunde der Landwirtschaft.

Diese Kultur verbreitete sich weit über die fruchtbaren Böden der Türkei hinaus und kam auch in die Provence. An einigen prähistorischen Stätten wie in Fontebrouga im Var (83), dem Baou Roux bei Aix-en-Provence oder dem Grand Abri in Châteauneuf-les-Martigues stieß man auf entsprechende Funde aus dem 7. Jahrtausend v. Chr.

Ab dem 4. Jahrtausend v. Chr. diversifizierte sich die neolithische Landwirtschaft in der Provence. Es entwickelte sich Weizen auf den tieferen und reichhaltigeren Böden, daneben Dinkel, der karge Böden auf einer Höhe von über 400 Metern gut aushalten kann.

Vernachlässigung durch die Römer

Unter der römischen Besetzung der Provence wurden die wilden Hinterlandgebiete der Provence eher stiefmütterlich behandelt. Die Landwirtschaft konzentrierte sich auf Weizen und vor allem auf Weinreben und Olivenbäume.

Ab dem 5. Jahrhundert drangen die nordischen Völker mit dem Zerfall des Römischen Reiches in die Provence ein, was zur Abwanderung der Bevölkerung aus den Küstengebieten ins Hinterland führte. Der robuste Dinkel ermöglichte das Überleben dieser Populationen.

Entwicklung bis heute

In den letzten 5.000 Jahren wurde Dinkel von modernen Züchtern aufgrund seiner geringen Erträge und des hohen Verarbeitungsaufwands weitgehend vernachlässigt und durch tetraploide und hexaploide Weizensorten ersetzt.

In der Haute Provence konnte sich seine Kultivierung erhalten und ist heute als wichtiges kulturelles Erbe anzusehen. Die derzeit verwendeten Samen sind eine Hinterlassenschaft vergangener Generationen und besonders geeignet für das Terroir der Haute Provence.

Zugewinn für eine wertvolle Ernährung

Die Vorzüge des Dinkel sind unbenommen. Reich an essenziellen Eiweißen, Ballaststoffen und Mineralien, trägt er zu einer ausgewogenen und bewussten Ernährung bei. Eine geringe Menge an Gluten macht

Dinkel so weit das Auge reicht: Hier in der Hautes-Provence (04)

Gemüse und mehr

95

Dinkelsalat mit frischem Ziegenkäse

ihn verträglicher für sensible Personen. Backwaren aus dem Mehl sind aus dem Sortiment der Bäckereien nicht mehr wegzudenken. Brot und Gebäck verleiht Dinkelmehl einen nussigen, kräftigen Geschmack. Er ist hervorragend für Salate geeignet. Einem Risotto verleiht Dinkel Intensität und Stärke.

Geschmack, Leidenschaft und Tradition

In der kleinen Gemeinde Gonfaron im Var (83) ist die Boulangerie de l'Hermitage der wahr gewordene Himmel lebendigen Brots. Hier gibt es Brot aus Urgetreiden wie Einkorn oder Kamut, aus Dinkel und aus alten Weizensorten. Dass Brot auch bei einer speziellen Diät köstlich sein kann, erlebt man hier. Mehlsorten ohne Gluten wie etwa Buchweizen werden hier für Brotlaibe verwendet, die geschmacklich überragend sind.

Leckere Informationen

Restauranttipps

📍 Château-Arnoux-Saint-Auban

La Bonne Étape 🍽 Zwischen Manosque und Sisteron gelegen, hat man hier die Wahl. Entweder man speist im sternegekrönten Restaurant oder im Bistro Au Goût du Jour. Jany Gleize zeichnet verantwortlich und serviert das Beste der Haute Provence. Von seiner Suppe mit *petit épeautre* und Wurzelgemüse möchte man sich wieder und wieder nachfüllen lassen. Das Hotel gehört zu Relais&Châteaux, einer weltweiten Vereinigung von Luxushotels und Restaurants.

✉ Chemin du Lac, 04160 Château-Arnoux-Saint-Auban 🕐 Öffnungszeiten sind telefonisch zu erfragen: +33 4 92 64 00 09 oder auf der Website www.bonneetape.com 🅿 Parkplätze im Ort

📍 Moustiers   **La Bastide de Moustiers** ✕ Zufällig fand Alain Ducasse

1994 auf einer Motorradspritztour die alte zerfallene Bastide zwischen Lavendelfeldern und Olivenbäumen und machte daraus eine Auberge mit Restaurant. Heute kümmert sich ein Team um hochwertige Gastlichkeit. Der eigene Gemüsegarten versorgt das Restaurant, die Wege zu Produzenten sind kurz. Reservieren Sie für den Salon Hommage à Moustiers, der dem traditionellen Fayence-Handwerk des Dorfes gewidmet ist. Und bleiben Sie einfach über Nacht.

✉ Chemin de Quinson, 04360 Moustiers
🕐 Täglich von 12:15–13:30 und 19:15–20:30 Uhr, 2022: Dienstag und Mittwoch geschlossen   🅿 Parkplätze vorhanden
🌐 www.bastide-moustiers.com

Weitere
La Reine des Prés in Mane, ✉ Domaine de Pitaugier | **La Campagne St. Lazare** in Forcalquier, ✉ Ancienne Route de Dauphin, Quartier St-Lazare | **Ma Nine!** in Forcalquier, ✉ Rue des Lices

Passende Begleitung

Für Zubereitungen mit intensiven Aromen wählen Sie einen komplexen Rotwein, zum Beispiel aus Châteauneuf-du-Pape.

@Home

In Deutschland, Österreich und der Schweiz bezieht man Dinkel aus der Haute Provence online zum Beispiel über www.naturitas.de

Gut zu wissen

Das Restaurant Ma Nine! in Forcalquier bietet auch glutenfreie Gerichte an. Die Boulangerie de l'Hermitage beliefert eine Vielzahl an Geschäften im gesamten Gebiet Provence-Alpes-Côte d'Azur. Die Übersicht findet man auf der Website www.boulangeriehermitage.com/points-de-vente

Gemüse und mehr

Tapenade und Aïoli

Mehr als nur Aufstrich

Wer mag sich einen Apéritif nach einem sonnenreichen Tag vorstellen, der ohne *Tapenade,* ein paar gerösteten Baguettestückchen oder Crackern und einem Glas eiskalten Rosé daherkommt. Unmöglich! Zum Glück bekommt man überall in der Provence, zumeist ganz selbstverständlich, zum bestellten Getränk ein kleines Schälchen mit der Olivenpaste und einigen Crackern.

Wer hat's erfunden?

Mutmaßliche Vorläufer der *Tapenade* lassen sich schon sehr früh in der Antike finden – Olivenpürees. Im zweiten Jahrhundert vor Christus beschrieb Cato der Ältere in einem Buch das Rezept für Epityrum, eine würzige Paste, hergestellt aus entkernten grünen oder schwarzen Oliven, Öl, Essig, Koriander, Kreuzkümmel, Fenchel, Raute (eine Pflanze, die an trockenen Orten wächst) und Minze. Der *Tapenade* ähnlich, fehlt doch eine wichtige Zutat: die Kapern. Deshalb ist alles, was mit Oliven, aber ohne Kapern daherkommt, keinesfalls *Tapenade,* sondern schlicht Olivenaufstrich oder Olivencreme.

Die Kapern machen den Unterschied

Das Wort *Tapenade* entstammt dem provenzalischen *tapeno* oder *tapena* für Kapern, einen Zierstrauch. Es gibt mehr als 150 Arten, die auf der ganzen Welt verbreitet sind, insbesondere in heißen und tropischen Regionen. Eine Art davon ist in den Mittelmeerregionen beheimatet. Die Phokäer, griechische Siedler, die auch die Stadt Marseille bauten, brachten sie mit.

So konnte sich die dornige Kapernbeere in der Provence verbreiten. Um das Jahr 1715 waren die Kapern rund um Aix, Toulon und Draguignan sehr verbreitet, und Kapern-Confit in Essig wurde bis nach Holland und England verschifft.

Verwendet werden die Blütenknospen des Kapernbaums, die vor der Blüte abgeschnitten werden. Sie sind dann erbsengroß. In der Provence finden sich für Kapern eine Vielzahl an Namen: *taperié, taparié, lou tapenie, tapero, tapeno, tapana.*

Tapenade noir – schwarze Olivenpaste

Die eigentliche *Tapenade,* wie wir sie heute kennen und wie sie als traditionelles Rezept noch immer zubereitet wird, ist vergleichsweise jung. Charles Meynier, Küchenchef des Restaurants La Maison Dorée, hat sie 1880 in Marseille erfunden. Sein Rezept besteht aus schwarzen Oliven, Kapern, Anchovis, Olivenöl und etwas Knoblauch.

Bis heute ist die schwarze *Tapenade* als Rezept geschützt, wenn sie in den Handel kommt. Die genaue Zusammensetzung und die Anteile sind festgelegt: 70 Prozent schwarze Oliven, 3 Prozent Kapern, 0,5 Prozent Anchovis und Olivenöl.

Tapenade verte – grüne Olivenpaste

Die grüne Tapenade wurde erst später entwickelt. Beide unterscheiden sich geschmacklich erheblich, was am Zustand der Oliven liegt. Auch das Rezept für grüne Tapenade ist geschützt.

Akzeptiert wird, ein paar Tropfen Zitronen- und Mandelpulver hinzuzufügen, um die Säure der grünen Oliven zu erhalten, ohne den Geschmack zu aggressiv und dominant werden zu lassen.

Wo findet man die beste Tapenade?

Wie immer in jeder Familie. Ansonsten streifen Sie über die Märkte und schauen, an welchen Ständen am meisten verkauft wird. Die Märkte von Gréoux-les-Bains, Valensole und Aups bieten eine besonders gute Auswahl. Auch in Lourmarin oder in den Markthallen von Avignon werden Sie fündig.

Wenn Sie eine Olivenmühle besuchen, nehmen Sie sich *Tapenade* von dort mit. Bei den meisten Produzenten bekommen Sie neben Öl oft auch Oliven und *Tapenade.*

Aïoli

Lei Roucas dóu Bàrri, ein Verein zur Pflege provenzalischer Traditionen, Rezepte, Geschichten und Handwerkskunst, beschreibt die Geschichte des typischen Gerichts der Provence sehr ausführlich.

Der Name ist eine Zusammensetzung von *ai* (Knoblauch) und *oli* (Öl). Knoblauch wird schon früh in der gastronomischen Geschichte erwähnt. Bereits im alten Ägypten verwendete man Knoblauch. Sklaven bekamen ihn, weil er für Muskelkraft in Armen und Beinen sorgen sollte. Traditionell wird *Aïoli* mit Gemüsesorten wie Kartoffeln, Karotten, grünen Bohnen und Artischocken serviert, dazu hartgekochte Eier und Kabeljau. Die Knoblauchcreme gibt dem Gericht den Namen, weil sie alle dazugehörenden Speisen beeinflusst.

Gemüse und mehr

Ein Grand Aïoli im Restaurant Maison de la Tour in Avignon

Grand Aïoli – ein Festtagsessen und die Butter der Provence

Der oder das *Grand Aïoli* ist eine Mahlzeit, die oft am Freitag gegessen wird, einem Tag, an dem es traditionell kein Fleisch gibt. Noch heute ist es ein typisches Gericht für den Karfreitag. Es gibt *Morue* dazu, Stockfisch. Zu anderen Festtagen wird es gern auch mit Fleisch oder Strandschnecken, den *Bulots,* gegessen.

1891 gründete Frédéric Mistral die Zeitung *L'aïoli.* Der Zweck der Arbeit: das provenzalische Erbe zu verteidigen und zu schützen. Dafür wurde die Zeitung komplett in provenzalischer Sprache verfasst.

Auch Alphonse Daudet beschwor in seinen *Contes de Lundi* (Montagsgeschichten) *Aïoli:* »Im Inneren der Hütte, wo ein Feuer aus Zweigen funkelnd und klar leuchtete, zerrieb der Wärter die Knoblauchzehen in einem Mörser religiös und ließ das Olivenöl Tropfen für Tropfen fallen. Wir aßen die Aïoli auf hohen Hockern vor einem Holztisch sitzend, in dieser engen Hütte, in der die Leiter zum Dachboden den größten Platz einnahm.«

Leckere Informationen

Restauranttipps

📍 Pernes-Les-Fontaines   Au Fil du Temps 🛎

Jérôme und Angelina Campanelli werden sicher noch weiter von sich reden machen. Junge, frische Bistronomiekunst hebt traditionelle Gerichte mit Hingabe in eine moderne Zeit. Lokale Küche, zeitgenössisch interpretiert, höchster Anspruch und zugewandte Gastllchkeit.

✉ 51 Place Louis Giraud, 84210 Pernes-Les-Fontaines 🕐 Dienstag bis Donnerstag 7:30–21:30 Uhr, Freitag und Samstag 12–13:30 und 19:30–21:30 Uhr, Sonntag und Montag geschlossen 🅿 Parking Place Aristide Briand 110 Meter entfernt 🚌 Pernes-Les-Fontaines Bus Ler 17 Linie Marseille Flughafen-Carpentras ℹ Preiskategorie 55 € 🌐 www.facebook.com/people/Au-fil-du-temps/100028295156966

📍 Fontvieille   Le Relais du Castelet ✕

Zwischen der Abtei Montmajour und der Mühle von Alphonse Daudet speist man auf einer alten Domaine aus dem 12. Jahrhundert. Provence pur auf allen Ebenen. Kulinarisches und Ambiente verbinden sich zu einem stimmigen Ganzen.

✉ Mas Le Castelet, Quartier Montmajour, 13990 Fontvieille 🕐 Dienstag bis Samstag 12–14 Uhr, Freitag und Samstag 20–22 Uhr 🅿 Parkplätze vor Ort ℹ Reservierung empfohlen ℹ Preiskategorie 40–45 € 🌐 www.lerelaisducastelet.fr

Weitere

Au Brin de Thym in Arles, ✉ 22 Rue du Dr Fanton | **Maison de la Tour** in Avignon, ✉ 9 Rue de la Tour | **Chez Serge** in Carpentras, ✉ 90 Rue Cottier

Passende Begleitung

Ein Weißwein der Appellation Cassis passt hier gut.

@Home

Gute Oliventapenade und *Aïoli* bekommt man schon auf den Wochenmärkten. Ansonsten sind Feinkostabteilungen oder Weinhandlungen eine gute Quelle.

Do it yourself

Der oder das traditionelle *Aïoli* macht man sich am besten selbst. So einfach geht das: Eine Knoblauchknolle auseinandernehmen und die Zehen schälen und hacken. In einem Mörser zerstoßen, alternativ mit dem Pürierstab fein pürieren. Unter ständigem Rühren 300 ml Öl nach und nach dazugeben. Geduldig sein und beständig rühren. Sobald der oder *Aïoli* beginnt einzudicken, das Öl schneller dazu geben. Mit etwas Meersalz und eventuell einem Spritzer Zitronensaft abschmecken.

Gut zu wissen

Bereitet man eine klassische Aïoli zu und Olivenöl und Knoblauch wollen nicht so recht binden, fügen Sie ein Eigelb hinzu. Dann ist es streng genommen zwar eine Mayoli, aber das macht nichts. Es wird Ihnen schmecken.

Gemüse und mehr

Salade niçoise

Ein immerwährender Zankapfel

C e n'est pas un Niçois!« Geradezu empört sind die Mitglieder des Cercle de la Capelina d'Or in Nizza, einer Vereinigung, die sich um den Erhalt der traditionellen *Cuisine Nissarde* bemüht und dafür auch Restaurants kontrolliert. Dass selbst der bei Nizza geborene Auguste Escoffier, einer der großen französischen Küchenmeister, das Sakrileg beging, gekochte Kartoffeln und grüne Bohnen hinzuzufügen, führt noch heute zu Unverständnis.

»Auf der ganzen Welt wird er serviert, fast immer falsch«, klagt Jo Issautier, der in seinem Restaurant Lou Balico natürlich nur das Original serviert. Er sieht seinen Auftrag darin, die Qualität und die Aromen zu bewahren, die die lokale Küche ausmachen, und beruft sich auf das Wissen seiner Großmütter.

Ursprünglich war der Nizza-Salat ein Gericht des armen Mannes: Tomaten, Olivenöl, die kleinen Cailletier-Oliven und Anchovis, die billiger als Thunfisch waren. Je nach Jahreszeit wurde Gemüse hinzugefügt.

Natürlich liegt Paris falsch

Einstimmig wird in Nizza angeprangert, wenn Sardellen und Thunfisch zusammen im Salat erscheinen – nur das eine oder das andere gehören hinein. Reis, Kartoffeln oder grüne Bohnen sieht man besonders gern in Pariser Restaurants. »Welch ein Frevel«, sagt Jo Issautier.

Man nimmt das sehr ernst in Nizza, und wenn es etwas zu schimpfen gibt über den Norden, ist man nicht zimperlich.

Was hineingehört – laut Jo Issautier

Eine Mischung junger grüner Blattsalate, Mesclun genannt, Tomaten, Frühlingszwiebeln, Radieschen, grüne oder rote Paprika, violette Artischocken im Frühjahr, hartgekochte Eier, kleine schwarze Oliven aus Nizza, alles in lokalem Olivenöl mit etwas Essig, Salz und Pfeffer abgeschmeckt.

Dies sind laut Jo Issautier die Zutaten für einen echten *Salade niçoise*. In seinem Restaurant Lou Balico serviert er ihn jedoch auch mit Anchovis oder Thunfisch oder sogar beidem zusammen.

Die Gurken-Kontroverse

Gurke wird als Beilage serviert. Auch an ihr erhitzen sich die Gemüter. Befragt man die Einwohner von Nizza, wie es die Tageszeitung *Nice-Matin* machte und dazu einen Fotowettbewerb auslobte, führt die Frage nach Gurke oder nicht Gurke zu hitzigen Diskussionen. Die Leserschaft war gespalten, es gab ein regelrechtes Nizza-Salat-Gate.

Christian Plumail, in Nizza geborener und dort aufgewachsener Koch, war seinerzeit Jurymitglied und erinnert sich an den Trubel. Seine Meinung klingt salomonisch: »Es ist gut, die Rezepte zu schützen, aber Extremismus lehne ich ab. Für mich ist ein Rezept lebendig und nicht statisch, es ist gut, es weiterzuentwickeln.« Er gehe trotzdem vorsichtig mit den traditionellen Rezepten der *Cuisine Nissarde* um. Und er witzelt: »Hier haben sie alle jemanden in der Familie, der die besten Rezepte der Welt hat ... Es gibt so viele Rezepte, wie es Familien gibt. *Bon*.«

Den Salat anrichten

Traditionell wird der *Salade niçoise* flach auf dem Teller angerichtet, damit alle Zutaten sichtbar und gut verteilt sind. Also nimmt man besser einen großen, etwas tieferen Teller statt einer Salatschüssel.

Nizza: Blick auf die Baie des Anges

Das altehrwürdige Negresco: eine Institution

Mit einer Zehe des lokalen rosa Knoblauchs wird der Teller eingerieben und aromatisiert. Im Salat wäre er zu dominant. Die geviertelten und gesalzenen Tomaten eine Weile stehen lassen, damit sie Wasser abgeben, abtropfen lassen und auf den Teller legen. Mit Olivenöl und einer klitzekleinen Menge Rotweinessig beträufeln. Dazu kommen ein paar Anchovis-Filets und schwarze Cailletier-Oliven. Eine kleine Umdrehung der Pfeffermühle, einige Blättchen Basilikum, fertig!

Wenn man – wie so viele Einheimische – der Meinung ist, dass der Salat Nizza-Salat heißt, weil die Zutaten allesamt aus Nizza und Umgebung stammen, kann man sich der eigenen Fantasie hingeben und ihn um weitere Zutaten ergänzen.

Leckere Informationen

Gemüse und mehr

Restauranttipps

♀ Nizza **L'Escalinada** 🍲 Henri Cagnoli hat natürlich ebenfalls sein Rezept des echten *Salade niçoise.* In seinem Restaurant bekommt man ihn ausschließlich zwischen Mitte Juni und Ende Juli. Das ist die Saison der *Févettes,* der ganz jungen Saubohnen, die in seinem Salat keinsfalls fehlen dürfen.

✉ 22 Rue Pairolière, 06300 Nizza
🕐 Täglich 11:30–14:30 und 18:30–22:30 Uhr
🅿 Parking Monbassess 2
🏠 Garibaldi/Le Château Tram L2
🌐 www.escalinada.com

♀ Nizza **La Table Alziari** ✗ Warmherziger Empfang, freundlicher Service ohne zu übertreiben und authentische Küche. Neben dem *Salade niçoise* sollten Sie unbedingt die Beignets aus Zucchiniblüten oder die *Petits farcis,* die gefüllten Gemüse, probieren.

✉ 4 Rue François Zanin, 06300 Nizza
🕐 Dientag–Samstag 12–14 und 19:30–22 Uhr, Sonntag und Montag geschlossen 🅿 Parking Monbassess 2 🏠 Garibaldi/Le Château Tram L2

🌐 www.facebook.com/people/ La-Table-Alziari/100063596257678

Weitere
L'Autobus in Nizza, ✉ 142 Av. de Gairaut

Passende Begleitung

Um die erhitzten Gemüter etwas zu kühlen und dem Salat eine süffige Ergänzung zu verleihen, passt ein Rosé aus Bandol oder Cassis.

Gut zu wissen

Wenn Sie einen Salat nach Nizza-Art zu Hause zubereiten wollen, gehen Sie vorsichtig mit dem Essig um. Die Tomaten bringen bereits reichlich Säure mit. Wenn sie nicht ganz ausgereift sind, fügen Sie ein wenig Zucker hinzu, wenn Sie sie einsalzen.

Früchte der Provence

Zitronen, Melonen und Co

Über die Märkte der Provence zu schlendern gleicht einem Besuch im süßen Schlaraffenland. Die Früchte wachsen einem schier in den Mund, man muss ihn nur öffnen.

Wenn im Februar das Städtchen Menton im überbordenden Gelb der Zitronen erstrahlt, wenn im Frühjahr mit Hingabe die ersten Erdbeeren der Sorte Fraise de Carpentras in kleine hölzerne *Barquettes* sortiert werden, wenn im Mai die Kirschen von den Coteaux du Ventoux granatrot glänzen und die Melonen von Cavaillon nicht nur französische Dichter verführen – dann ist klar, dass die Provence beschenkt wurde und bei der Verteilung des Guten jede Menge abbekommen hat.

Zu jeder Jahreszeit findet man auf den Märkten ein vielfältiges Angebot hochwertiger Früchte, viele davon mit kontrollierter Herkunftsbezeichnung. Tauchen Sie während Ihrer Entdeckungen in diese Vielfalt ein, lassen Sie sich anlocken von den opulenten Aromen reifer Früchte und probieren Sie sich über die Märkte.

Zitronen aus Menton

Ab Mitte Februar feiert das kleine Städtchen Menton kurz vor der italienischen Grenze seine Zitrone, und man erzählt sich vermutlich jedes Jahr erneut diese hübsche Legende: Eva nahm bei der Vertreibung aus dem Paradies eine goldene Frucht mit. Aus Angst vor dem göttlichen Zorn bat Adam sie, die Frucht wegzuwerfen. Nachdem sie Berge, Täler und Ebenen überquert hatten, sahen sie die Bucht von Garavan. Die weichen Winde, das milde Klima, die üppige

Vegetation erinnerten Eva an die Süße des Garten Eden. Dort vergrub sie die Zitrone, und ein kleines Paradies wurde geboren, die Stadt Menton.

Die Blütezeit des Anbaus und Handels mit der *Citron de Menton* erlebte die Stadt von Mitte des 18. bis Mitte des 19. Jahrhunderts. Danach ist die Geschichte wechselvoll: hohe Exporte, Rückgang der Ernte durch schlechtes Wetter und Krankheiten. Dann entschied Menton, die Zitrusbauern finanziell und mit Land zu unterstützen. Mit Hilfe der INRAE, einem nationalen Forschungsinstitut für Landwirtschaft, Ernährung und Umwelt, wurden Versuchsplantagen angelegt, Zitronenbäume umgesiedelt und der nachhaltige Anbau wiederbelebt.

SRA 625

Santa Teresa, Adamo, Eureka, Cerza – eine Reihe an Sorten werden angebaut, auch die SRA 625. Hinter dem schnöden Kürzel verbirgt sich die Menton-Zitrone, die seit Oktober 2015 das Label IGP besitzt und offiziell *Citron de Menton* heißt. Der Anbau erfolgt nur in zugelassenen Obstplantagen auf einem festgelegten Gebiet. Die Zitrone reift am Baum, wird von Hand geerntet, erfährt keine Nacherntebehandlung und ist nicht mit Wachs beschichtet.

Das Gebiet erstreckt sich über die Gemeinden Menton, Roquebrune-Cap-Martin und die Dörfer Gorbio, Castellar und Sainte-Agnès. Die Zitronenplantagen sollten nicht mehr als sieben Kilometer Luftlinie vom Meer entfernt und weniger als 390 Meter über dem Meeresspiegel liegen.

Fête du Citron

Entdecken Sie die Region zu dieser Zeit und tauchen Sie ein ins Gelb der Umzüge und Festlichkeiten. Fünfzehn Tage lang gibt es

Ein Schwelgen in allen Schattierungen von Gelb während der Umzüge zur Fête du Citron

Umzüge, Ausstellungen und die Möglichkeit, die Zitrusgärten zu besichtigen. Überlebensgroße, künstlerisch üppig gestaltete Umzugswagen passieren die Straßen während des täglichen Corsos.

Wenn Sie in Menton sind, besuchen Sie die Mitron Bakery. Dort gibt es nicht nur eine köstliche *Tarte au citron,* es ist eine der besten nachhaltig arbeitenden Bäckereien ganz Frankreichs, betrieben vom Sternekoch Mauro Colagreco. Seit August 2021 gibt es auch eine Filiale in Monaco.

Wie erkennt man echte Zitronen aus Menton?

Hellgelb bis grüngelb sind sie im Wachstum, intensiv bis leuchtend gelb bei ihrer Vollreife, die am Baum stattfindet. Die Schale duftet intensiv, ist feinkörnig und sitzt fest auf dem Fruchtfleisch. Die Größe der Früchte liegt zwischen 53 und 90 Millimeter. Sie geben viel aromatischen Saft, der moderat säurehaltig ist.

Aktuell sind 52 Produzenten in der Association pour la Promotion du Citron de Menton zusammengeschlossen. Bei einigen kann direkt bestellt und gekauft werden: www.lecitrondementon.org/Producteurs-citron-de-menton.html

Melonen aus Cavaillon

»Es gibt nur eine Melone, die Cavaillon-Melone«, schrieb 1895 ein Journalist, der durch Cavaillon im Luberon reiste. Ihre Geschichte beginnt im 15. Jahrhundert. In Rom kannte man die Sorte Cantaloupe, benannt nach dem Ort Cantalupo, wo die Päpste die Sommerfrische genossen. Von dort wurde sie mitgebracht, vermutlich durch Karl den Großen, und fand ihren Weg nach Cavaillon. Ursprünglich kommt das Kürbisgewächs aus Afrika oder Asien.

Mit der Erfindung der Eisenbahn und der Möglichkeit, ganz Frankreich und vor allem Paris zu beliefern, entwickelte sich in Cavaillon der Melonenanbau.

Eine ewige Liebe

Der Schriftsteller Alexandre Dumas war ein großer Fan der Cavaillon-Melone. Als ihn die Bibliothek von Cavaillon 1864 fragte, ob er bereit sei, einige seiner Werke zu spenden, stimmte Dumas unter einer Bedinung zu: Die Stadt müsse ihm eine Lebensrente von zwölf Melonen pro Jahr zahlen. Der Stadtrat stimmte dem Deal zu. Die Bibliothek erhielt ihren Anteil an Romanen, während Alexandre Dumas bis zu seinem Tod im Jahr 1870 seine Melonen erhielt.

Heute bemüht sich eine 1988 gegründete Bruderschaft um die Pflege und den Erhalt der Melone von Cavaillon, der ein jährliches Fest gewidmet ist. Zwei Tage Anfang Juli stehen im Zeichen der Melone – und auf dem Programm Verkostungen, Märkte, Konzerte und Ausstellungen.

Auch die Melone hat mittlerweile ihre geschützte Ursprungsbezeichnung IGP und heißt seit 2020 *Melon de Cavaillon.*

Eine gute Melone erkennen

Bei den Cavaillon-Melonen kann man zwei Arten unterscheiden. Eine Sorte hat eine glatte Oberfläche, die andere ist etwas rauer. Die Melone sollte von den grünen Streifen der Schale in zehn Stücke geteilt werden. Die Melonen mit neun oder elf Segmenten werden etwas weniger Geschmack haben, da das Fruchtfleisch nicht

so süß ist. Haben die Streifen eine leicht grün-bläuliche Farbe, kann die Melone angeschnitten werden.

In Cavaillon nennt man die Melonenspitze *pécou*. Wenn die *pécou* trocken ist, sich leicht lösen lässt und einen intensiven süßlichen Geruch verströmt, ist die Melone reif. Die Melone sollte schwer sein und leichte Risse aufweisen.

Kaufen Sie die Melonen direkt beim Produzenten und lassen Sie sich die Kriterien noch einmal genau erklären, zum Beispiel bei der Familie Avy von Plateau Ratatouille in Cavaillon.

Obst oder Gemüse?

Auch wenn wir die süße Melone am ehesten mit Obst in Verbindung bringen, sie auf dem Markt neben Aprikosen und Pfirsichen liegen darf und sie für Desserts und Kuchen geradezu pädestiniert ist – die Melone ist ein Gemüse. Sie besitzt viele positive ernährungsphysiologisch wertvolle Eigenschaften. Sie enthält 90 Prozent Wasser, viel Vitamin C und Karotin. Außerdem ist sie reich an Mineralien, Spurenelementen und Ballaststoffen.

Und übrigens: Die Melone aus Cavaillon ist eine der wichtigsten Zutaten für die echten *Calissons* aus Aix-en-Provence.

Der Melonen-Botschafter von Cavaillon

Eine Autopanne auf dem Markt von Cavaillon war der Beginn einer Liebe, die wohl noch immer wächst. Zunächst zu Sylviane, der hübschen *Melonnière,* die seine Frau wurde, und dann zur Melone selbst. Jean-

Jacques Prévôt ist ihr Botschafter, ihr Hüter und ihr größter Bewunderer. Im Restaurant Maison Prévôt wird der Schönen auf vielerlei Art gehuldigt: auf der Speisekarte, in den eleganten Räumlichkeiten mit allerlei Kunst und neuerdings auch als Getränk – im sogenannten Melanis, Prévôts Interpretation des Pastis, eben mit Melone.

Leckere Informationen

Restauranttipps

📍 **Menton** **Mirazur** 🍽 Zwischen Himmel und Erde – so lassen sich die Lage des Drei-Sterne-Restaurants und die Philosophie von Mauro Colagreco beschreiben. Seit 2021 hält er zu seinen drei Sternen auch noch einen grünen vom Michelin, für die Nachhaltigkeit. Und weil so viel Gäste fragten, sind seine Gemüse-, Obst- und Kräutergärten auf Anfrage zu besichtigen. In der feinen Boutique des Restaurants gibt es ein Olivenöl mit Menton-Zitrone.

✉ 30 Av. Aristide Briand 06500 Menton
🕐 Mittwoch–Sonntag 12:30–14 und 19:30–22 Uhr, Montag und Dienstag geschlossen
🅿 Öffentlicher Parkplatz 400 Meter entfernt
🚉 Bahnhof Menton-Garavan (1 km entfernt)
ℹ Menü ab 320 € 🌐 www.mirazur.fr

📍 **Cavaillon** **Maison Prévôt** ✗
Jean-Jacques Prévôt setzt der Melone ein Denkmal. Nicht erst seitdem er im Elysée-Palast groß aufgekocht hat. Er ist der Botschafter dieses süßen Gemüses und serviert die Melone in edlem Ambiente: als Melonensuppe, Sorbet, in

einer *Cocotte* mit Hummer, als Burger und, und, und …

✉ 353 Av. de Verdun 84300 Cavaillon
🕐 Dienstag–Samstag 12–13:30 Uhr und 19:30–21 Uhr, Sonntag und Montag geschlossen
🅿 Parking Romain Rolland 400 Meter entfernt
🚉 Cavaillon Fromenterie 120 Meter entfernt, Bus Ler 17 Linie Marseille Flughafen-Carpentras
ℹ Menü 40–95 € 🌐 www.maisonprevot.com

Passende Begleitung

Sind Sie in Cavaillon, probieren Sie den Melanis. Es gibt ihn in der Boutique im Maison Prévôt zu kaufen oder Sie trinken ihn am besten gleich im Restaurant.

@Home

Zitronen aus Menton können nach Verfügbarkeit (meist Dezember bis März) zum Beispiel hier bestellt werden: www.essensfreuden.de/index.php/shop/kategorie/frische-zitrus-früchte
Melonen aus Cavaillon gibt es gelegentlich während der Saison in den

Galeries Lafayette. Zunehmend werden provenzalische Märkte auch außerhalb der Provence abgehalten. Weinheim hat eine Städtepartnerschaft mit Cavaillon und richtet jährlich einen Markt aus. Fragen Sie ansonsten bei Ihrem örtlichen Gemüsehändler.

Do it yourself

Eingelegte Salzzitronen

Die Zitronen in Spalten oder Scheiben schneiden und abwechselnd Zitronenstücke und reichlich grobes Meersalz in ein großes Glas schichten. Der Vorteil ist, dass man die Stücke oder Scheiben nach Bedarf entnehmen kann. Dann mit kochendem Wasser aufgießen, bis alles bedeckt ist. Das Glas luftdicht verschließen und für sechs bis acht Wochen bei Raumtemperatur an einem dunklen Ort aufbewahren. Unvergleichlich gut passen die Zitronen zu Fisch. Einem Salat geben sie Substanz und Kraft, und zum Apéritif servieren Sie sie mit Olivenapenade und Baguette.

Gut zu wissen

Die Zitronen schmecken köstlich zu rohem Fisch, wenn sie hauchdünn aufgeschnitten werden. Natürlich mit Schale, sie sind unbehandelt.

Mesclun ☘ VEGAN

Nicht einfach nur Salat

Eine Mischung aus zarten jungen Blättchen ist der *Mesclun,* nicht einfach nur ein Salat. Mesclun kommt von dem provenzalischen *mesclum* und bedeutet MIschung. Mönche des Klosters Cimiez in Nizza säten in ihren Gärten diverse Salatsorten. Wenn die jungen Triebe sprossen, sammelten sie diese und mischten sie in Körben, um sie an die Armen zu verteilen.

Der Geschmack ändert sich

Je nachdem, welcher Salat gerade austreibt, wird geerntet, jedoch muss der *Mesclun* mindestens fünf Salatsorten enthalten. Darunter Blattsalat, Eichblatt, Batavia, Römersalat, Feldsalat, Rucola, Frisée, Escariol, auch glatte Endivie genannt, oder auch Radicchio. Manchmal sind sogar junger Löwenzahn, der *pissenlit,* der in Frankreich *pourpier* genannte Portulak, Spinatblätter oder aromatische Kräuter wie Kerbel darin zu finden. Eine gute Mischung ist sowohl knackig als auch zart, mit einem Hauch von Bitterkeit. Mehr und mehr findet dieser Geschmack zurück, der über lange Zeit den Salatpflanzen abgezüchtet wurde, weil bitter unpopulär war. Dabei gibt diese Geschmacksqualität nicht nur Tiefe, sondern ist super gesund.

Gesunde Blättchen

Die Nährwertangaben von *Mesclun* variieren je nach Mischung. Nahezu alle enthalten reichlich Karotine und Antioxidantien, die sich günstig auf die Zellerneuerung auswirken. Der *Mesclun* ist reich an Mineralsalzen und insbesondere an Calcium und Magnesium, aber auch an den Vitaminen B 9 und C. Dank seines Ballaststoffgehalts und seiner bitteren Note fördert *Mesclun* eine gute Verdauung. Er hilft auch, den Cholesterinspiegel zu senken.

Vielseitigkeit über das ganze Jahr

Mesclun findet sich von März bis Oktober auf den Märkten oder direkt bei den Produzenten. In Lourmarin bietet Le Jardin Gastronomique eine der besten Mischungen, und zwar das ganze Jahr über und in Bio-Qualität. Auf den Märkten nimmt man sich *Mesclun* mit den Händen und packt ihn selbst in die Tüte vor dem Abwiegen.

Es sei ergänzt, dass *Mesclun* auch in Supermärkten angeboten wird, meistens abgepackt in durchsichtigen Beuteln. Wenn Sie sich dafür entscheiden, achten Sie darauf, dass die Blätter knackig sind, nicht verklebt, matschig und bereits gelb. Da in fast jedem Ort in der Region regelmäßig Märkte stattfinden – tun Sie sich selbst und den lokalen Produzenten etwas Gutes und kaufen Sie auf dem Markt. Dann bekommen Sie gleich noch ein bisschen Petersilie dazu geschenkt und fragen nach einem Vinaigrette-Rezept.

Erst einzeln, dann gemischt

Oft findet man Samenmischungen für *Mesclun,* die im heimischen Garten ausgebracht werden. Die meisten Gärtner bevorzugen es, die Pflanzen einzeln auszusäen und erst bei der Ernte zu mischen.

Aufbewahrung

Am besten gar nicht, sondern sofort zubereiten. Im Gemüsefach hält der *Mesclun* einen Tag aus, besser wird er nicht davon. Dann vorher nicht waschen, sondern direkt in das Fach packen. Sinnvoll ist ein Bienenwachstuch, das sich auch für Kräuter eignet. Darin werden die zarten Blätter eingeschlagen und im Gemüsefach bei etwa vier Grad aufbewahrt.

Auch wenn die Dörfer noch so klein sind, einen Markt mit frischem Gemüse haben die meisten.

Gemüse und mehr

Mesclun mit Ziegenkäse
und Mispel-Konfitüre

Ein frischer Salat ist immer gut zur Vorspeise. Zusammen mit einem Stück *Pissaladière* hat er seinen schönsten Auftritt. Dabei braucht er nicht viel außer einer Vinaigrette aus Olivenöl, Zitronensaft und einem Hauch Senf. Wer mag, gibt noch einen Teelöffel Lavendelhonig dazu, *c'est tout*. Aber auch zu einer kräftigen Speise wie der *Daube* oder zu einer Käseplatte ist er eine gute Begleitung. Essen Sie im Restaurant, fragen Sie einfach nach *Mesclun,* wenn er nicht explizit in der Karte auftaucht.

Leckere Informationen

Restauranttipps

♀ Avignon   Maison de la Tour 🍽
Marktküche vom Feinsten wird hier serviert. Küchenchef Pascal kennt in den Markthallen von Avignon jeden und bekommt von allem das Beste. Er legt den Fokus deutlich auf Gemüse, das er täglich selbst einkauft. Von ihm kann man sich bei einem Kochkurs in der wunderschönen Küche etwas beibringen lassen, bevor im Patio gespeist wird.
✉ 9 Rue de la Tour, 84000 Avignon
🕐 Dienstag–Samstag 12–14:30 und 19–22 Uhr, Sonntag 12–14:30 Uhr, Montag geschlossen
🅿 Parking Les Halles im Zentrum oder Parking de la Ligne ℹ Bio-Lebensmittel, glutenfrei, laktosefrei, vegetarische Gerichte, durchschnittlicher Preis 39 € 🌐 www.maison-de-la-tour-restaurant-avignon.com

♀ Séguret   Le Mesclun ✗ Provenzalischer kann es fast nicht zugehen. Reservieren Sie im Sommer rechtzeitig für die Terrasse, dann genießen Sie nicht nur frische, regionale Küche, sondern auch den grandiosen Ausblick am Fuß der Dentelles de Montmirail und die Atmosphäre der alten Natursteinmauern.

✉ Rue des Poternes, 84110 Séguret 🕐 Täglich 12:15–15:30 und 19:15–20:30 Uhr außer Sonntagabend, Dienstagabend und Mittwoch, Juli/August: Mittwoch geschlossen ℹ Reservierung empfohlen 🌐 www.lemesclun.com

Weitere
Le Mesclun in Nizza, ✉ 215 Av. de la Californie | **La Table à l'envers** in Marseille, ✉ 49 A Rue 3 Frères Barthélémy | **Café du Temps** in Aix-en-Provence, ✉ 31 Rue de la Couronne

Passende Begleitung

Meistens ist der *Mesclun* eine Vorspeise, mit etwas frischem Brot kommt er schon aus. Probieren Sie dazu einen Weißwein der Appellation Bandol.

@Home

Vermehrt tauchen Mischungen feiner Salattriebe auch auf Wochenmärkten in der Heimat auf. Fragen Sie doch bei den Biobauern nach, falls es keine gibt. Womöglich wäre das eine schöne Ergänzung für das Angebot.

Schwarze Wintertrüffel der Provence **VEGAN**

Tuber melanosporum und ihr Wert

*E*iner von vielen Gründen, auch im Winter die Provence zu bereisen, ist für viele die Schwarze Wintertrüffel. Zwanzig Gramm reichen aus, um das Glück auf einem Teller schmeckbar zu machen, sagen Köche.

Wenn die kalten Winde den Mont Ventoux herunterwehen und den Himmel blank putzen, dann schnüffeln sich Genießer durch die Gegend um den heiligen Berg, durch den Naturpark Luberon und den Verdon entlang. Doch längst gibt es die edlen Pilze nicht mehr in Hülle und Fülle in den Eichenwäldern, gleichzeitig wächst der Bedarf. Betrugsfälle mit billigen Importen von faden, nichtssagenden Möchtegern-Trüffeln sind leider die Folge.

Truffière und Trufficulteur

Nahezu die gesamte Menge der Trüffeln stammt aus angelegten Hainen, sogenannten *Truffières.* Die *Trufficulteurs,* die die Haine bewirtschaften, infizieren mit Pilzsporen die Eichen und müssen dann Geduld haben. Mindestens zehn Jahre braucht ein Baum, bis er anfängt, Trüffeln wachsen zu lassen.

Die Trüffel ist pingelig, was das Wetter angeht. Im April beginnt der Pilz zu wachsen, er braucht es dann feucht, dazu nicht zu viel Kälte im Mai, im Sommer nicht zu trocken und im Herbst noch milde Temperaturen und ein wenig Feuchtigkeit. Und selbst wenn alles optimal ist, bleibt es jedes Jahr wieder eine Überraschung, wie die Ernte ausfällt.

Und dann kommt noch der Diebstahl dazu. Viele *Trufficulteurs* müssen ihre Haine mit Elektrozäunen und scharfen Hunden vor Wilderern schützen. Obwohl bei Strafe verboten, kommt es immer wieder vor, dass wild gegraben wird und die rechtmäßigen Besitzer einen Teil ihrer Ernte verlieren.

Die Cavage und der Rabassier

Früher wurden Schweine für die Trüffelsuche, die *Cavage,* genutzt. Der Geruch einer Trüffel ist dem einer brünstigen Sau sehr ähnlich, was es dem Schwein leicht macht, die Pilze aufzustöbern.

Schnell muss er sein, auch der Hund mag die Pilze.

In Richerenches wird dem Trüffel während eines festlichen Umzugs gehuldigt.

Heutzutage erledigen Hunde die Suche. Die Rasse ist dabei nicht so wichtig, jedoch sollten sie nicht für die Jagd ausgebildet sein. Der Geruch von Wild während der *Cavage* könnte das Aufspüren von Trüffeln behindern. Bereits Welpen werden an den Geruch gewöhnt, indem man die Zitzen der Mutter mit Trüffelöl einreibt. Später wird klassisch mit kleinen Leckerbissen trainiert und der Hund ermutigt, in den Hainen zu suchen. Wenn der Hund den Geruch der reifen Trüffeln wahrnimmt, kratzt er die Erde dort auf, wo der Geruch aufsteigt. Nur reife Trüffeln verströmen einen intensiven, für den Hund wahrnehmbaren Geruch. Mit dem *Rabassier,* einem etwa 30 Zentimeter langen, hakenähnlichen Werkzeug, wird dann nach den Trüffeln gegraben, wobei die Trüffelsucher ebenfalls *Rabassier* genannt werden.

In der Provence ist ein kleines Insekt in der Nähe der Trüffeleichen zu finden: *Suillia gigantea,* eine Fliege, wird vom Geruch der Trüffeln magisch angezogen. Folgt man ihr zu den Bäumen, wird man vielleicht fündig.

Feilschen und festlegen

Zu den Hochburgen für Trüffeln in der Provence zählen Carpentras und Richerenches. Es heißt, in Carpentras werden die Preise für die Wintertrüffeln festgelegt. Die Stunde der *Courtiers,* wie man die Trüffel-Makler nennt, schlägt ab Mitte November. Die Trüffelbauern bringen ihre Ware morgens zu ihnen, der Verkauf geht zügig vonstatten. Dann beginnt die Arbeit der Makler. Die Trüffeln werden nach Größe und Qualität sortiert, und die Händler stehen bereits Schlange.

Pilze das ganze Jahr über

Neben der *Tuber melanosporum,* der Schwarzen Wintertrüffel, die zwischen Mitte November und Ende März ihre Saison hat, gibt es von Mai bis September die *Tuber aestivum,* die Sommertrüffel. Sie erkennt man an ihrem hell- bis kaffeebraunen Inneren, der hellen äußeren Haut und einem milden Geruch nach Champignons. Zwischen September und Januar findet sich noch die *Tuber uncinatum,* auch als *Truffe d'automne* oder *Truffe de Bourgogne* bekannt. Diese Herbsttrüffel hat ein bräunlich-dunkles Innenleben. Ihr Geruch erinnert an feuchtes Laub und Unterholz.

Sich nicht übers Ohr hauen lassen: Ein bisschen Wissen gehört dazu, um eine gute Wahl zu treffen.

Ein paar Zahlen

1.500 Tonnen *Tuber Melanosporum* wurden um 1960 geerntet. Heute sind es in der Region durchschnittlich 78 Tonnen. 7.500 Hektar Trüffelfelder werden derzeit bewirtschaftet. 70 bis 80 Prozent der gesamten französischen Produktion stammen aus der Region Provence-Alpes-Côte d'Azur.

Trüffel-Tourismus in der Provence

Die beste Zeit, um die Schwarze Wintertrüffel zu entdecken, ist von Mitte Dezember bis Mitte Januar. Viele Hotels bieten Trüffelwochenenden an, zum Beispiel in Vaugines im Gästehaus Aux deux Fontaines oder im noblen Crillon le Brave in Crillon-le-Brave. Gemeinsam mit einem Trüffelbauern geht es zur *Cavage,* bei der man alles über die Trüffeln erfährt. Oft kann man in den Hotels einen Trüffelkochkurs absolvieren und sich in einem speziellen Menü den Aromen und dem unvergleichlichen Geschmack hingeben.

Weitere sehr schöne Ausflugsziele sind das Trüffel- und Weinmuseum Richerenches, das Trüffelmuseum des Ventoux in Monieux, das Trüffel- und Weinhaus des Luberon in Ménerbes und das Trüffelinstitut der Familie Plantin in Puyméras.

Bloß keinen Schnickschnack, sondern pur lautet die Devise, wenn von Dezember bis März in Richerenches jeden Samstag ein Trüffelomelette serviert wird. Man meldet sich telefonisch oder im Tourismusbüro an und bekommt mittags im Festsaal für etwa 25 Euro ein Menü mit Kir, Omelette, Salat, Käse, Dessert, Café und Wein.

Natürlich gibt es exquisite, sehr ausgefallene Gerichte, in denen die Trüffel sich tummeln darf. Dennoch: So außergewöhnliche Aromen brauchen nicht viel, setzen Sie auf simple Gerichte.

Es heißt, im Restaurant Chez Bruno gäbe es das ganze Jahr über die besten Trüffelgerichte. Davon überzeugt man sich am besten selbst, vielleicht bei einem ganzen Trüffelmenü, das es sowohl mit Fleisch als auch vegetarisch gibt.

Leckere Informationen

Einkaufstipps

♀ **Puyméras**   **Truffe Plantin**   Seit 1930 verkauft Plantin das ganze Jahr über frische Trüffeln und mittlerweile auch zahlreiche dazu passende Produkte. In der Wintersaison werden regelmäßig Verkostungen und Demonstrationen in der Boutique und dem angeschlossenen Institut angeboten.

✉ 169 Ancienne Route de Nyons, 84110 Puyméras   🕐 Montag bis Freitag von 10–12 Uhr und 13:30–19 Uhr, Samstag von 10–19 Uhr   🅿 Vorhanden, optional   ℹ Bestellung im Onlineshop möglich   ⇢ www.truffe-plantin.com/de

📍 **Valréas**   **J'MC Truffes**   Schwarzer Trüffel oder *Tuber melanosporum* aus Richerenches oder aus Spanien, Weißer Trüffel oder *Tuber magnatum pico d'Alba* aus dem Piemont, Sommertrüffel oder *Tuber aestivum* aus Uzès im Département Gard, Herbsttrüffel oder *Tuber uncinatum* aus dem Gebiet der Isère – bei Jacques Baldy und seiner Tochter Marine, beide Trüffelzüchter und Händler, findet man sie alle zu vernünftigen Preisen. Trüffelsaft, mit Trüffel aromatisierte Olivenöle, Bruchstücke, aber auch Pilze (Steinpilze, Morcheln, getrocknete maurische Trompeten) und Utensilien (Mandolinen, Keramik) runden das Angebot ab.
✉ 12 Rue du Comtat Venaissin Villa C, 84600 Valréas 🕐 Täglich 9–18 Uhr, Öffnungszeiten an Feiertagen können abweichen 🅿 Vorhanden ℹ Bestellung im Onlineshop möglich 🌐 www.truffesricherenches.com

Weitere

La Mirande in Avignon, ✉ 4 Place de l'Amirande | **Le Vivier*** in L'isle sur la Sorgue, ✉ 800 Cr. Fernande Peyre | **La petite Maison** in Cucuron, ✉ Place de l'Étang | **Le Gajuléa** in Le Barroux, ✉ 201 Cr. Louise Raymond | **Chez Serge** in Carpentras, ✉ 90 Rue Cottier | **Les Tables d'Euphrosyne Petit Palais d'Aglaé** in Gordes, ✉ Route de Murs

Passende Begleitung

Findet sich die Schwarze Trüffel in Eierspeisen oder einfach fein gehobelt auf Baguette mit etwas Olivenöl, passen ein nicht zu fruchtiger, trockener Weißwein oder ein nicht zu junger Rotwein dazu. Ein Gedicht ist eine Crème brulée mit Trüffeln. Dazu passt ein natursüßer Wein wie der Muscat-de-Beaumes-de-Venise hervorragend.

@Home

Truffe Plantin und J'MC Truffes liefern auch ins europäische Ausland. Verlässlich bekommt man in der Saison Trüffel zum Beispiel bei BosFood oder in den Feinkostabteilungen großer Kaufhäuser.

Gut zu wissen

Sind Sie in einem Hotel, lassen Sie sich in der Küche Ihre Trüffeln vakuumieren, wenn Sie sie direkt auf dem Markt gekauft haben. Zu Hause halten sie gut ein paar Tage, wenn sie in Reis, Salz oder Sonnenblumenkernen aufbewahrt werden. Gleichzeitig aromatisieren sie das Salz und den Reis.

Ob die Waage wohl stimmt …

Riz de Camargue

VEGAN

Ein Korn, das das Land prägt

*E*s heißt, die Götter hätten das Land ge-segnet und Wasser, Salz, Wind und Sonne im Überfluss geschickt. Ein ausge-klügeltes Ökosystem hat sich die Natur aus-gedacht und bringt mit dem Reis der Ca-margue ein Produkt hervor, das nunmehr auch in Bio-Qualität auf den Tisch kommen kann.

In der Antike

Nachdem die Griechen, die Lateiner und die Inder Reis kannten und die Chinesen in ihrem riesigen Reich davon profitierten, gelangte das Korn vermutlich Ende des 13. Jahrhunderts nach Frankreich.

Huhn im Topf

In der Provence breiteten sich die Reisfel-der schnell aus, und Heinrich IV. wies 1593 an, den Ausbau der Felder in der Camargue voranzutreiben. Seine Beweggründe blei-ben Spekulation. Einige Quellen vermuten, er habe sein »Huhn im Topf«, eine seiner Leibspeisen, verfeinern wollen und Reis als schmackhafte Möglichkeit gesehen.

Vom 19. Jahrhundert bis heute

Das Terroir in der Camargue ist beschenkt mit einem privilegierten Klima. Geringe Temperaturunterschiede, intensives Licht und die gesunde Wirkung des Mistrals bie-ten hervorragende Bedingungen, um das Korn gedeihen zu lassen.

Um 1840 wurde das erste Reisfeld der Domaine de Paulet angelegt. Die Eindeichung des sumpfigen Rhône-Deltas führte dazu, dass gegen die Versalzung gekämpft werden musste, das Land drohte sich in eine Wüste zu verwandeln. Die Bauern setzten den Reis eigentlich nur als Zwischenlösung ein, der Boden sollte für den Weinbau vorbereitet werden.

In den 1940er-Jahren erlebte der französische Reisanbau einen wahren Boom. Die Unterbrechung des Seeverkehrs zwischen 1939 und 1945 und die Nahrungsmittelknappheit während und nach der Besatzung ermunterten die Bauern, den Reisanbau voranzutreiben. Heute ist die Camargue die größte Reisanbauregion in Frankreich.

Wer hätte gedacht, dass Reisanbau so aufwendig ist.

Aufwendiger Anbau

Die Felder, auf denen der Reis angebaut wird, müssen absolut eben sein. Man stelle sich vor, wie das vor fünfzig Jahren war, als es noch keine Lasertechnik gab! Heutzutage sind computergesteuerte Planierraupen unterwegs, die maximal zwei Zentimeter Abweichung zulassen.

Die Felder werden für einige Tage mit dem Wasser der Rhône geflutet, bevor Mitte April die Aussaat beginnt. Zu dieser Jahreszeit ist es bereits so sonnig und warm, dass der Reis keimen kann. Nach ungefähr vier Wochen Standzeit wird das Wasser abgepumpt, sodass der Reis zwar noch nasse Füße hat, aber die Pflanzen zu Boden sinken und anwurzeln können. Anschließend wird erneut geflutet.

Kritisch ist der Moment der Blüte. Der Reis blüht nur für wenige Stunden, und ist der Zeitpunkt ungünstig, bildet sich keine Frucht. Zwischen Saat und Ernte liegen 130 bis 150 Tage, und während dieser Zeit braucht der Reis Temperaturen, die nicht unter zwölf Grad Celsius liegen.

Wie sich ein Korn verwandelt

Stufe um Stufe verwandelt sich das Reiskorn. Als Paddy, dem von Spelzen umschlossenen Naturreis, ist Reis nicht genießbar. Deshalb wird er geschält, und man erhält den Vollkornreis. Hierin sind die wertvollen Vitamine enthalten. Um weißen, polierten Reis zu erhalten, wird die Randschicht entfernt. Leider gehen damit auch zwei Drittel der Vitamine verloren.

Die Zertifizierung schützt

Seit 2000 besitzt der Reis aus der Camargue die geschützte geografische Ursprungsbe-

Alte Werkzeuge und Maschinen im Reis-Museum der Familie Rozière

Brauner Vollkornreis hat rauchige Noten, ist intensiv und braucht kräftige Gewürze. Weißer Rundkornreis speziell für Risotto ist ebenfalls in der Camargue zu bekommen.

Reis-Museum

Zwischen April und November bietet die Familie Rozière in ihrem Maison du Riz Führungen und Demonstrationen rund um den Reis an. Anschaulich wird vermittelt, wie die *Riziculteurs,* die Reisbauern, arbeiten. Vor Ort kann man den Reis in unterschiedlichen Verpackungsgrößen kaufen. Auf ihrem Mas de la Vigne betreiben sie außerdem fünf *Gîtes,* Ferienwohnungen, wie sie in ganz Frankreich üblich sind und in denen man seinen Urlaub verbringen kann. Zusätzlich gibt es Plätze für Mitglieder von France Passion, einem gut ausgebauten Netzwerk, das über Stellplätze für Wohnmobile informiert.

zeichnung IGP. Diese regelt und kontrolliert den Anbau, die Nachverfolgbarkeit der Lieferketten bis zur Qualität des Produkts.

Ein großer Teil der 146.000 Hektar sind mittlerweile auf Bio-Anbau umgestellt, was nicht nur dem Reis, sondern dem gesamten Naturschutzgebiet der Camargue mit der vielfältigen Flora und Fauna zum Vorteil gereicht.

Roter Reis und mehr – Sorten der Camargue

Der Rote Reis ist ein Vollkornreis, der ganz natürlich gefärbt vorkommt. Er hat eine wunderbar nussige Note und ist eine echte Spezialität in der Camargue, zum Beispiel mit geschmortem Stierfleisch. Runder, blanchierter Reis eignet sich hervorragend für Desserts und für Füllungen wie bei den *Petits farcis,* den gefüllten Gemüsen. Weißer Langkornreis ist eine passende Beilage zu Fisch- und Fleischgerichten mit Soße.

Leckere Informationen

Restauranttipps

📍 **Saint-Gilles**   **La Chassagnette** 🔔
Der Küche von Sternekoch Armand Ar-
nal merkt man die tiefe Verbundenheit
zur Camargue an: kurze Wege, enger
Kontakt mit den Produzenten und
Herzblut für eine naturbelassene Küche
auf höchstem Niveau. Das Herzstück
bildet dabei das Gemüse aus seinem
eigenen Garten auf dem großen Landgut. Probieren Sie das Menü »Faune et
Flore«.
✉ Mas de La Chassagnette, Route du Sam-
buc, 13200 Arles 🕐 Donnerstag bis Montag
12–15:30 Uhr, Freitag und Samstag 19–21 Uhr
🅿 Parkplätze vor Ort 🚌 Armellière, Bus A10
ℹ Menü 70–115 € 🌐 www.chassagnette.fr

📍 **Salin de Giraud**   **Mas Saint
Bertrand** ✕ Im Herzen der Camargue,
ein Stück im Nirgendwo, liegt dieses
Landgut. Auf der überdachten Terrasse
sitzt man gemütlich und entspannt, vor
der Sonne geschützt, und probiert sich
durch die traditionelle Küche der Camargue. Es geht einfach und unkompliziert zu, fast so, als wäre man bei einem
großen Familienfest.
✉ Route D36C, 13129 Salin de Giraud
🕐 Täglich 12–15 Uhr ℹ Reservierung empfohlen, telefonisch in Englisch möglich: +33 4 42
48 80 69 🌐 www.mas-saint-bertrand.com

Weitere
Mas de la Calabrun in Les-Saintes-Maries-de-
la-Mer, ✉ D85a, Route de Cacharel

Passende Begleitung

Weiß, rosé, rot – probieren Sie einen der
Vins de Sables, der auf den sandigen
Böden gewachsen ist. Besonders ange-
nehm im Sommer, liegen die meisten
bei erfrischenden 12,5 % Alkohol und
lassen noch genügend Energie für weitere Nachmittagsausflüge.

@Home

Die Firma Rapunzel vertreibt direkt den
Reis aus der Camargue. Im gut sortierten Sortiment von Biomärkten finden
sich nahezu alle Reisprodukte.

Gut zu wissen

Vollkornreis ist sehr gesund und nahr-
haft, jedoch weniger lagerfähig als
normaler Reis. Deshalb am besten im
Kühlschrank aufbewahren.

So gesund isst Provence-Alpes-Côte d'Azur

Sogar eine Region, die so reich an hochwertigen Produkten wie Olivenöl, Fisch, Meeresfrüchten und einer Vielfalt an Obst und Gemüse ist, kämpft mit einer verstärkten Zunahme von Andipositas und chronischen Erkrankungen. In den vergangenen zwanzig Jahren haben Herz-Kreislauf-Erkrankungen, die wesentlich auf eine ungünstige Ernährung und zu wenig Bewegung zurückzuführen sind, deutlich zugenommen. Auch in der Provence ist man, was man isst.

Unzureichende, mangelhafte oder gar Unterernährung finden sich vor allem in großstädtischen Banlieus. Besorgniserregend oft weisen Zahlen darauf hin, dass besonders Kinder schlechteren Zugang zu hochwertigen Lebensmitteln haben.

1985 wurde Les Restos du Cœur (die Restaurants der Herzen) gegründet. Der gemeinnützige Verein unterstützt frankreichweit bedürftige Menschen insbesondere durch den Zugang zu kostenlosen Mahlzeiten und durch soziale Teilhabe. Auch in der Region Provence-Alpes-Côte d'Azur ist der Verein aktiv. Häufig sind die Freiwilligen in Supermärkten unterwegs, um Sachspenden zu sammeln. Wer einkauft, kauft ein wenig mehr und spendet die Waren.

Was in den Einkaufskörben liegt

Es ist ein Phänomen, das auch in vielen anderen Industrienationen anzutreffen ist: Die Schere zwischen Arm und Reich klafft auseinander. Das Wissen, was sich förderlich auf die Gesundheit auswirkt, und die finanziellen Möglichkeiten, entsprechend zu leben, sind ungleich verteilt. Schaut man in die überdimensionierten Einkaufswagen in den Mega-Supermärkten an der Peripherie der Städte, dann wird das sichtbar: Unmengen an Zuckerwaren mit schnell verfügbaren Kohlenhydraten, Fertiggerichte, Großpackungen an industriell hergestelltem Brot und Gebäck.

Andererseits ist Frankreich und im Besonderen die Region Provence-Alpes-Côte d'Azur ganz vorn, was den Anbau von Bio-Erzeugnissen betrifft. Gütesiegel wie Label Rouge schützen Herkunft und Herstellung von Produkten, um möglichst vielen den Zugang zu hochwertigen Lebensmitteln zu ermöglichen.

Nationales Gesundheits- und Ernährungsprogramm

Die Region hat ihre Aufgabe erkannt und fördert umfassende Präventionsprogramme. Die Agence Régionale de Santé, eine staatliche Behörde für öffentliche Gesundheit auf regionaler Ebene, vertritt die Ziele des nationalen Gesundheits- und Ernährungsprogramms PNAN (Programme National de l'Alimentation et de la Nutrition). Danach soll die Gesundheit der Bevölkerung verbessert werden, indem man sich auf die Ernährung fokussiert.

Die Menschen sollen unterstützt werden, gesunde und umweltfreundliche Entscheidungen in ihrer Lebensweise zu treffen. Gleichzeitig will man die Ungleichheiten beim Zugang zu nachhaltigen und hochwertigen Lebensmitteln verringern.

Unterstützung erhalten die Regionen vom Landwirtschafts- und vom Gesundheitsministerium, die Strategie ist auf fünf Jahre angelegt.

Agieren statt Reagieren

Leitmotiv der nationalen Strategie ist der Fokus auf Prävention, um lebenslang eine gute Ernährung aufrechtzuerhalten, beginnend bei den Schwangeren bis hin zu den Hochaltrigen. Risiken sollen frühzeitig erkannt werden, um ernährungsbedingte Erkrankungen in den Griff zu bekommen. Wesentlich sind der niedrigschwellige Zugang zu Ernährungs- und Bewegungsempfehlungen, Informationen zu gesunder Lebensweise sowie praktische Tipps rund ums Essen und Kochen.

Artischocken sind ein richtiges
Super-Gemüse, die Bitterstoffe
sind gesundheitsfördernd für
Leber und Galle.

Das Manger-Bouger-Programm

Ansprechend, leicht verständlich und nah an den Lebensgegebenheiten ist das Programm *Manger Bouger,* was so viel heißt wie: essen, sich bewegen. Eine Website informiert übersichtlich zu gesunder Ernährung von Babys und Kleinkindern und unterstützt Familien bei der täglichen Essensplanung. Es gibt lustvolle und appetitanregende Tipps für die Vorbereitung der Wochenmahlzeiten, ein Kalender mit Bildern zeigt, was an Obst und Gemüse Saison hat, und Umrechnungstabellen erleichtern die Anpassung von Rezepten.

Praxisnah – Newsletter für Gesundheit

Um Präventions- und Gesundheitsförderungsmaßnahmen bekannt zu machen und zu verstetigen, veröffentlicht die Agence Régionale de Santé einen regelmäßigen Newsletter. Jede Ausgabe behandelt ein aktuelles Thema der öffentlichen Gesundheit und bietet einen Überblick über Aktionen in der Region. Verschiedene Zielgruppen werden angesprochen: Kinder, Jugendliche, Menschen in prekären Situationen, chronisch Kranke usw. Die Aktionen in den jeweiligen Départements werden von öffentlichen Akteuren wie Kommunen, Verbänden, Gesundheitseinrichtungen und Krankenkassen unterstützt.

La Provence dans mon assiette

Ein gesunder Geist in einem gesunden Körper ist die Basis für gutes Lernen, und so wurde 2018 im Département Bouches-du-Rhône (13) eine Charta für die Verpflegung von Kindern, Jugendlichen und jungen Erwachsenen in Bildungseinrichtungen verabschiedet. Sie bildet einen Leitfaden mit verbindlichen Werten und zielt auf drei Qualitäten ab – Gesundheit, Ernährung und Geschmack.

Das Programm *La Provence dans mon assiette* (Die Provence auf meinem Teller) gibt Anregungen für eine saisonale, frische Küche mit Produkten der Provence. Man möchte auf den Wert guter Lebensmittel aufmerksam machen. Bio-Produkte, frisch, lokal und mit hohem Nährwert, gehören ebenso zu den Werten wie Geschmackserziehung, Präsentation von Vielfalt und Abwechslung, Aspekte der Gastlichkeit, ausreichend Zeit zum Essen, Nachhaltigkeit und verantwortungsvoller Umgang mit Lebensmitteln, um Abfälle auf ein Minimum zu reduzieren.

Biologische Erzeugnisse, Nachhaltigkeit und mehr

*In der Region Provence-Alpes-Côte d'Azur ist die Lage sehr ernst. Landwirtschaftliche Flächen schrumpfen, besonders an den Küsten. Optimistische Schätzungen gehen davon aus, dass die genutzten Flächen in fünfzehn Jahren vollständig verschwunden sein könnten. Im ländlichen Raum wachsen zunehmend Industriegebiete, dazu Bebauungen zur touristischen Nutzung oder Zweitwohnungen. Gerade in stadtnahen Gebieten ist der Flächendruck so groß, dass es immer schwieriger wird, landwirtschaftliche Flächen zu erhalten oder zu erwerben. Gleichwohl gibt es ein großes Bedürfnis nach Erzeugnissen aus biologischem Landbau und umfangreiche Bemühungen, dem Rechnung zu tragen.

Umwelt-Gesundheitsbarometer

Befragungen, die seit 2007 regelmäßig durchgeführt werden, ermöglichen einen Blick darauf, was die Menschen im Hinblick auf Umwelt und Gesundheit in ihrer Region Provence-Alpes-Côte d'Azur bewegt. Die Ergebnisse der aktuellsten Befragung zeigen, dass sich 71 Prozent als sehr sensibel für Umweltfragen einschätzen. Befragte sehen Pestizide als höchstes gesundheitliches Risiko. Als Konsequenz werden vermehrt Produkte aus ökologischem Landbau konsumiert. Hier nahm der Verbrauch bei den Befragten seit der letzten Befragung von vierzig auf siebzig Prozent zu.

Die Region trägt mit zahlreichen Initiativen für Erzeuger und Verbraucher dazu bei, Nachhaltigkeit zu fördern, und orientiert sich dabei am gemeinsamen Verständnis der Vereinten Nationen (UN) und deren Agenda. So heißt es im *Baromètre Santé-Environnement* (Umwelt-Gesundheitsbarometer): »Nachhaltig produzierte Lebensmittel sind ernährungsphysiologisch sicher und gesund. Sie tragen zum Schutz und zur Achtung der Biodiversität und der Ökosysteme bei, sind kulturell akzeptiert, wirtschaftlich gerecht und zugänglich, bezahlbar und ermöglichen die Optimierung der natürlichen und menschlichen Ressourcen für heutige und zukünftige Generationen.«

Mit gutem Beispiel vorangehen – die Aktion Resto U'

Resto U' ist die Abkürzung für *Restaurant universitaire*, die Mensa. Jeden Tag sollen Bio-Lebensmittel lokalen Ursprungs in den Mensen der Universitäten und Schulen auf den Tisch gebracht werden. In einem Verbund von elf Mensen werden passende saisonale Verpflegungsangebote entwickelt. Küchenteams machen sich mit der

Beschaffung und Verarbeitung von Bio-Produkten vertraut, und Studierenden wird der Zugang zu hochwertigen Lebensmitteln ermöglicht, sodass sie ihre Kompetenz in gesunder Ernährung erweitern. Ernährungsberater führen in Aktionen durch Probier-buffets, zeigen, wie ausgewogene Ernährung auch mit wenig Geld möglich ist und wie schmackhafte Gerichte leicht und schnell zuzubereiten sind.

Wissen, wo man nachhaltig einkaufen kann

Bienvenue à la Ferme, das Netzwerk aus Landwirten, die ihre Produkte ohne Zwischenhandel anbieten, ist ein Erfolgsmodell in Frankreich. Der Direktverkauf von Erzeugnissen auf dem Bauernhof, oft mit der Möglichkeit, vor Ort bewirtet zu werden oder sogar übernachten zu können, erfreut sich großer Beliebtheit. 8.000 Erzeuger in Frankreich, davon mehr als 300 in der Region Provence-Alpes-Côte d'Azur, verkaufen Obst und Gemüse, Fleisch und Fisch, Milchprodukte, Wein, Säfte und Sirup. Die Website informiert übersichtlich über alle französischen Angebote. Über die Auswahl von Orten oder ganzen Regionen und Produkten, kann man zielgerichtet suchen.

Gerade Kinder sind herzlich willkommen auf den Bauernhöfen. Je nach Gegebenheiten können sie zuschauen, wie Ziegen gemolken werden und daraus Käse entsteht, wie Honig gemacht wird oder wie Kichererbsen geerntet werden.

Eine Erweiterung erfährt das Konzept mittlerweile im Département Alpes-de-Haute-Provence (04), wo sich ein Netzwerk von Franchise-Geschäften der Marke Bienvenue à la Ferme gebildet hat, unterstützt durch Banken und mit dem Ziel, Erzeugnisse aus nachhaltiger Landwirtschaft mehr Verbrauchern zugänglich zu machen. Dabei stehen wiederum kurze Produktwege und Saisonalität im Fokus. Erzeugern wird es erleichtert, ihre Produkte zu verkaufen, wenn sie Mitglied im Netzwerk sind.

Altes Prinzip, neu aufgelegt

Mehr und mehr setzen sich, ähnlich den Netzwerken der Bienvenue à la Ferme, Läden und Märkte durch, die genossenschaftlich organisiert sind. Ein sehr gelungenes Beispiel sind die über hundert Couleurs Paysannes, die in ihren Geschäften in Manosque, Valensole und Venelles ihre Produkte direkt vertreiben. Das Angebot ist reichhaltig, und ein Einkauf in einem der Geschäfte deckt alles ab. Frisches Obst und Gemüse, Fleisch, Wurst und Fisch, Milchprodukte, Brot, Gebäck und Getränke wie Wein und Saft sind erhältlich, dazu hochwertige ökologisch hergestellte Kosmetik- und Haushaltsprodukte.

Die Geschäfte sind so gestaltet, dass in den verschiedenen Produktbereichen Pla-

Les Couleurs Paysannes: ein Zusammenschluss von Produzenten, die alle nachhaltig wirtschaften und in Läden ihre Produkte gemeinsam anbieten

kate auf die Erzeuger verweisen und diese vorgestellt werden. Ein Foodtruck vor dem Geschäft versorgt die Kunden mit einem Menü, zubereitet mit Zutaten der Produktpalette. Die Produzenten stellen in den Geschäften ihre Waren vor und beantworten Fragen der Kunden. Von der Ausstattung und Präsentation der Läden über die Aufnahme neuer Produzenten in die Genossenschaft – alles wird demokratisch und eigenständig geregelt. Ergänzt wird das Angebot durch einen Lieferservice, alternativ die Abholung der Einkäufe nach der Online-Bestellung.

Verte Provence

Bio-Landwirte gründeten schon 1996 im Norden des Départements Bouches-du-Rhône (13) die Genossenschaft Verte Provence. Qualität, Transparenz und der Erhalt der Biodiversität waren ihr Ziel, das damals noch deutlicher weniger im Bewusstsein von Erzeugern und Verbrauchern verankert war. Heute gehören mehr als fünfzehn Erzeuger der Genossenschaft an. So konnte sich eine starke Marke entwickeln, die an Aufmerksamkeit auch über die Region hinaus gewonnen hat.

Starthilfe für Jungbauern

Egal ob Gemüsebauern, Viehzüchter, Winzer oder Ölproduzenten, die Situation ist für alle gleichermaßen angespannt. Klimatische Veränderungen mit extremen Hitze- und Trockenheitsperioden auf der einen und Frost- und Hagelschäden auf der anderen Seite, ein genereller Arbeitskräftemangel, niedrige Löhne bei harter körperlicher Arbeit und nicht zuletzt die Auswirkungen der Coronapandemie setzen der Landwirtschaft zu.

Salat, natürlich ohne Pestizide

Manche Betriebe müssen schließen, weil es keinen Nachwuchs gibt, der die Arbeit übernehmen möchte. Daher versucht die Region, gerade jungen Menschen die landwirtschaftliche Arbeit schmackhaft zu machen. Finanzielle Starthilfen, Unterstützung bei der Suche geeigneter Flächen sowie Fort- und Weiterbildungen bieten zum Beispiel die Jeunes Agriculteurs der Region Provence-Alpes-Côte d'Azur, eine Vereinigung junger Landwirte, die an das Landwirtschaftsamt von Aix-en-Provence angegliedert ist.

Siegel für Qualität und Nachhaltigkeit

Die drei Siegel »Appellation d'origine protégée« (AOP), »Appellation d'origine contrôlée« (AOC), »Indication géographique protégée« (IGP) findet man häufig bei Produkten in der gesamten Region.

Die geschützte Ursprungsbezeichnung AOP garantiert, dass das Produkt in einem bestimmten geografischen Gebiet hergestellt und verarbeitet wurde. Sie schützt den Namen des Produkts in der Europäischen Union. Die französische Version des AOP-Siegels ist das AOC-Siegel. Es schützt das Produkt auf französischem Territorium und ist Voraussetzung für die Erlangung des europäischen AOP-Siegels. Beide Labels garantieren also die Verbindung zwischen dem Produkt und seinem Terroir, dem Gebiet, in dem es hergestellt wurde.

Die geschützte geografische Angabe IGP ist ebenfalls ein europäisches Zeichen. Es kennzeichnet traditionelle und typische Spezialitäten einer klar definierten Region, an der zumindest Herstellung, Zubereitung oder Verarbeitung des Produkts erfolgen. Das IGP-Label trägt dem Knowhow in der Herstellung Rechnung.

Zwei französische Siegel, das rot-weiße Etikett »Label Rouge« (LR) und das grün-weiße für »Agriculture Biologique« (AB) gewährleisten Top-Qualität und die Achtung vor Umwelt- und Tierschutz.

Auf Nachhaltigkeit fokussieren alle Maßnahmen und Aktionen der Agence Régionale pour la Biodiversité et l'Environnement Provence-Alpes-Côte d'Azur. Diese öffentliche Einrichtung informiert umfassend und niedrigschwellig unter anderem über Biodiversität, Umwelt-und Tierschutz, nachhaltiges urbanes Leben, Vermeidung von Plastikmüll und Klimaschutz. Eine informative Website liefert auch Einblicke in die Entwicklung neuer Label wie das blau-weiße »Pêche durable« für nachhaltige Fischerei in der Region.

Die Provence-Alpes-Côte d'Azur für Vegetarier und Veganer

Die sonnenverwöhnte Region macht es vegetarisch und vegan essenden Besuchern leicht. Obst und Gemüse in bester Qualität sind ganzjährig und in Fülle erhältlich. Viele Bauern richten ihr Augenmerk auf die Wiederbelebung alter Gemüsesorten. Biokisten, lokale Märkte, Restaurants oder Cafés – das wachsende Bewusstsein für gesunde Ernährung, nachhaltiges Wirtschaften und Tierschutz befördert hochwertige und ansprechende Angebote. Früher servierte man bei Anfrage nach vegetarischer

pflanzliche Lebensmittel, unterstützt den Austausch in der breiten Öffentlichkeit, organisiert Picknicks und gemeinsame Mahlzeiten in Restaurants oder Kochkurse. Er hilft dabei, die Verbindung zwischen den Erzeugern von vegetarischen und veganen Produkten und den Endverbrauchern zu intensivieren, eine Win-Win-Situation für alle.

Eins der interessantesten Projekte des Vereins sind die Végécantines. Nicht nur die Ausweitung vegetarischer Angebote in Kantinen, sondern auch das Recht auf vegetarische und vegane Versorgung von Kindern und Jugendlichen in Bildungseinrichtungen werden mit Politik, Wissenschaft und Verwaltung diskutiert, um sinnvolle Konzepte auf den Weg zu bringen.

Kost das Standardgericht einfach ohne das Fleisch – heute undenkbar.

Junge Köche, Erzeuger und Menschen, die Genuss und Nachhaltigkeit am liebsten vegetarisch oder vegan leben, gibt es immer zahlreicher, und sie entwickeln großartige kulinarische Konzepte.

Die Association Végétarienne de France ist mit regionalen Gruppen zum Beispiel in Toulon vertreten. Der Verein organisiert regelmäßige Treffen, informiert über

Das neue Normal

Auch die Restaurantwelt hat längst begriffen, dass die vegetarische und vegane Küche bereits Trend ist und angesichts der Klimakrise und immer weiter abnehmender Ressourcen zukünftig noch viel stärker im Mittelpunkt stehen wird und werden muss.

Beim Fine Dining, der gehobenen Gastronomie, sind ganze Menüs vegetarisch

konzipiert, und niemand vermisst etwas, im Gegenteil. Unter viel Aufmerksamkeit, und voller guter Ideen präsentierte beispielsweise die aus Nizza stammende Köchin Julia Sedefdjian, die jüngste Sterneköchin Frankreichs, ihr neues Pariser Projekt Cicéron, und alle hoffen, dass es bald eine Dépendance in ihrer Heimat geben wird. Das Cicéron ist ein veganes Restaurant und Lebensmittelgeschäft, in dem die Kichererbse den Mittelpunkt bildet.

Marion und Bruno Cirino, bereits mit Sternen gekrönt für die Hostellerie Jérôme in La Turbie, zeigen mit ihrem neuen Restaurant Racines in Nizza, wie vegetarische Küche auf hohem Niveau aussehen kann.

Modern und innovativ

Cafés, Bistros und Restaurants, in denen ein neues Verständnis der Zusammenarbeit von Erzeugern, Restaurateuren und Gästen gelebt wird und in denen Geschmack, wertvolle Ernährung und Nachhaltigkeit Hand in Hand gehen, sind das Növäa Social Food in Cannes, La cantine du nid in Avignon, L'Épicerie Simple in Toulon und das Gaïa Natural Food in Hyères.

Vegane und glutenfreie Speisen gibt es sehr gut bei Happy Green Food in Saint-Raphaël und im hippen, urbanen Maison Nosh in Aix-en-Provence.

Eine Küche für alle

Nadia Sammut geht noch ein ganzes Stück weiter. Geradezu radikal vertritt sie ihre Sicht auf Nachhaltigkeit, Abkehr von industrieller Produktion und Hinwendung zu einer Ernährung, die nicht ausgrenzt, sondern alle einbezieht. Mehr ist es eine Haltung, das Leben zu leben. Die Auberge La Fenière in Cadenet bei Lourmarin, die sie

von ihrer Mutter Reine Sammut übernommen hat, ist zu einem Anlaufpunkt für Genießer, Köche und Erzeuger gleichermaßen geworden.

Aus der Not heraus, weil sie Unverträglichkeiten lebensbedrohlich erkranken ließen, fing sie an, gluten- und laktosefrei zu kochen. Nadia Sammuts *Cuisine Libre* ist viel mehr als eine Küche, die ohne Gluten und Laktose auskommt. Sie versteht ihr Leben, ob in der Küche, im Gemüsegarten oder in der Kooperation mit anderen Erzeugern, als eins, das nur in der sozialen Verbundenheit funktioniert. Engagiert ist sie weltweit unterwegs für Slow Food, und die Tester des Restaurantführers Michelin zeichneten ihre Auberge 2020 mit dem neu eingeführten grünen Stern für nachhaltige Küche aus.

Nadia Sammut, ausgezeichnete Köchin und Aktivistin aus Cadenet

Eine Küche für alle ist ihr Ziel, das sie konsequent verfolgt, auch mit ihrer Marke Kom&Sal für glutenfreie Backwaren wie Brot, Gebäck und Pâtisserie.

BOULA

Gebäck, Dessert und mehr

Ob herzhaft oder süß – lassen Sie sich
verwöhnen von Fougasse und Pan Bagnat,
genießen Sie Calissons, weißen Nougat
und kandierte Früchte, erliegen Sie den
Verlockungen und probieren Sie alles.

Pan Bagnat
Wenn das Brot badet

B rot, rohes Gemüse, Olivenöl, Freund-
schaft für den kleinen Snack und für
immer«, so lautet die Devise der Commune
Libre du Pan Bagnat, einer Verbindung, die
sich dem Erhalt der traditionellen Rezeptur
verschrieben hat und in Nizza für die Weitergabe allen Wissens über das *Pan Bagnat*,
das »gebadete Brot«, sorgt.

Abgesehen von hartgekochten Eiern
darf laut dieser Vereinigung keine gekochte
Zutat ins traditionelle *Pan Bagnat*.

Seinen Namen verdankt es der Herkunft
als Armengericht. Die Hausfrauen von Nizza haben hartes Brot eingeweicht, indem
sie es unter ein Rinnsal Wasser hielten, sodass das Brot »gebadet« war.

Das traditionelle Pan Bagnat niçois

Nach und nach entwickelte sich das *Pan Bagnat* weiter. Um ihm mehr Gehalt zu geben,
wurden in Viertel geschnittene, gesalzene
Tomaten hinzugefügt. Das machte das Brot
saftig und frisch. Immer wurden kleine,
runde Brote verwendet, die Brötchen oder
Semmeln ähnlich sind.

Zusätzlich zur Tomate und je nach Jahreszeit wurden dann Frühlingszwiebeln,
kleine grüne Paprika, Saubohnen, schwarze
Oliven, Basilikum, Olivenöl (nur eine kleine
Menge, weil es so kostbar war) und Salz hinzugefügt, auch rote Paprika und Sardellenfi-
lets landeten im Brot. Bis heute dürfen nur
Produkte aus der nahen Umgebung rund
um Nizza verwendet werden. Das Brot mit
seiner Füllung wurde in eine Salatschüssel

gelegt, die zuvor mit einer Knoblauchzehe eingerieben wurde. Thunfisch und Eier blieben wohlhabenden Familien vorbehalten.

Was man heute im Pan Bagnat findet

Oft wird einfach ein *Salade niçoise* zubereitet, der die gleichen Zutaten enthält und mit dem man gleich mehrere Brote füllt. Die Gewohnheiten haben sich geändert, und so findet man heute durchaus auch Thunfisch und Sardellen, Radieschen und Frühlingszwiebeln zusammen in einem *Pan Bagnat*.

Ein gutes Pan Bagnat

Hochwertige Zutaten sind essenziell. Beim Verzehr sitzt man am besten in der Sonne und verspeist das Brot mit den Händen,

keinesfalls mit Besteck. Vor allem aber, so sagen es die honorigen Mitglieder der Commune Libre du Pan Bagnat, gehört das Teilen dazu. Die Tradition will, dass ein *Pan Bagnat* in Gesellschaft gegessen wird, mit Freunden und Familie.

Augen auf beim Kauf

Es sei darauf hingewiesen, sich nicht beschummeln zu lassen. Grüner Salat gehört keinesfalls in das *Pan Bagnat*. Diese belegten Brote sind höchstens ein belegtes Brot mit Gemüse, niemals ein *Pan Bagnat*. Grüner Salat gibt Füllmenge, macht es kostengünstig, aber auch weniger geschmackvoll.

Gütesiegel für Bäckereien und Restaurants

Ein Gütesiegel wurde 1997 gegründet, mit dem sich Bäckereien und Restaurants feierlich verpflichten, das offizielle Rezept der Commune Libre du Pan Bagnat zu respektieren und das authentische *Pan Bagnat* anzubieten. In diesen Geschäften hängt dann eine Charta an der Wand, sodass Kunden gleich wissen, woran sie sind. Außerhalb des Geschäfts signalisiert der Aufkleber »Label Pan Bagnat« in roter Schrift auf weißem Grund die Authentizität.

Neugierig geworden?

Sie wollen noch mehr als nur ein gutes *Pan Bagnat* kaufen? Dann können Sie Ehren- oder Fördermitglied werden und mit Ihrem Engagement zum Erhalt des traditionellen Pan Bagnat beitragen. Hier gibt es den Förderantrag: www.nicepanbagnat.com/nous-soutenir

So etwas geht nur in Frankreich, oder?!

Leckere
Informationen

Restauranttipps

📍 **Nizza**   **Déli Bo** 🍴   An gleich drei
Standorten in Nizza (neben der Rue
Bonaparte auch in der Rue Fodéré und
der Rue Joseph Garnier) gibt es außer
dem Pan Bagnat auch Verlockendes
aus der Pâtisserie. Am besten geht man
zum Mittagstisch und nimmt sich für
unterwegs noch ein *Pan Bagnat* mit.
✉ 5 Rue Bonaparte, 06300 Nizza
🕐 Dienstag bis Samstag 7–18 Uhr, Sonntag
und Montag geschlossen 🅿 Onepark Nice
🌐 www.delibo.fr

In der Altstadt
von Nizza

📍 **Nizza**   **Chez Yann** ✕   Seit mehr als zehn Jahren wird hier auf gleichbleibend hohem Niveau ein wohlschmeckendes *Pan Bagnat* angeboten. Bestes Streetfood in Nizza. Mitnehmen und am Strand genießen.
✉ Place Fontaine du Temple   🕐 Täglich 7–13 Uhr, Montag geschlossen   🅿 Parking Piscine   ℹ Nur Barzahlung   🌐 www.facebook. com/Pan-Bagnat-Chez-Yann-592976051111365

Weitere

A Buteghinna in Nizza, ✉ 11 Rue du Marché |

Cercle d'union St. Paulois in St.-Paul-de-Vence, ✉ 6 Prom. Du Maréchal Leclerc de Hautecloque | **Oh! Pan Bagnat** in Bormes-les-Mimosas, ✉ Boulevard de la Plage

Passende Begleitung

Halten Sie es einfach und nehmen Sie dort, wo Sie Ihr *Pan Bagnat* kaufen, ein Glas vom Hauswein.

Fougasse

VEGAN

Aus allen Ecken Europas

U m zu überprüfen, ob der Holzofen die richtige Temperatur für das Brot erreicht hatte, nahmen Bäcker früher ein Fladenbrot zu Hilfe. Die *Fougasse* wurde als Backprobe gebacken und war sowohl Test als auch kleiner Snack für den Bäcker.

Das Gebäck ist in ganz Europa bekannt. Jedes Land, jede Region und jede Stadt hat eigene Rezepte. In Italien als *Focaccia* bekannt, in Spanien als *Fougassa*, ist sie sehr einfach zuzubereiten und kann nach Belieben verfeinert werden.

Der Name *Fougasse* oder *Focaccia* leitet sich vom lateinischen Ausdruck *panis focacius* ab. Was wörtlich bedeutet: Fladenbrot, das in der Herdasche gebacken wird.

Fouace, Fougace, Fougassette

Die *Fougasse* gibt es herzhaft, aromatisiert mit Orangenblütenwasser oder süß mit kandierten oder getrockneten Früchten. Die süße Variante heißt *Fouace* oder *Fouasse*. Es ist eine Spezialität, die ursprünglich aus dem Aveyron kommt. Hauptsächlich ist sie in Rouergue, Lozère und im Süden der Auvergne zu finden.

Die salzige Version heißt *Fougace* und nimmt bereitwillig alle herzhaften Zutaten auf. Am bekanntesten sind *Fougaces* mit Oliven, Speck, Sardellen oder Käse. Manchmal findet man sie sogar mit einer Mischung aus Zwiebeln und Hackfleisch. So ist die *Fougace* schon fast eine eigene Mahlzeit, wenn sie mit einem kleinen grünen Salat ergänzt wird.

In Grasse kommt man an der süßen *Fougassette* nicht vorbei, aus luftig-fluffigem und gleichzeitig schwerem Hefeteig gebacken, mit Zucker und Orangenblütenwasser und reichlich Olivenöl.

Eine köstliche *Fougasse* besteht im Wesentlichen aus Mehl, Wasser, Olivenöl und Hefe. Der Teig wird relativ flach und oval ausgerollt und danach ährenförmig eingeschnitten. Diese Form ist spezifisch für die *Fougasse.*

Für die Zubereitung einer süßen Variante werden Butter, Milch, Honig, Zitronensaft oder Orangensaft hinzugefügt, woduch der Teig eine Brioche-Note bekommt. Auch Gewürze wie Zimt oder Vanille werden mittlerweile öfter verwendet.

Gebäck, Dessert und mehr

Leckere Informationen

Einkaufstipps

⚲ Lourmarin   La Maison du Gibassier
Neben einer sättigenden, herrlich nach
gutem Sauerteig schmeckenden *Fougasse* liefert die Bäckerei eine weitere
Spezialität, eine Art süße *Fougasse,*
die Anis, Orangenschale und allerhand
weitere geheime Zutaten enthält.
✉ Avenue du 8 Mai 1945, 84160 Lourmarin
🕐 Dienstag bis Sonntag 6–19 Uhr, Montag
geschlossen 🌐 www.boulangerie-lourmarin.fr

**⚲ Nans-Les-Pins   Boulangerie David
Vincent**   Als beste *Fougasse* wurde
das Gebäck von David Vincent ausgezeichnet und mit einer Medaille geehrt.
Lassen Sie sich die *Fougasse* einpacken
und wandern Sie zu den Quellen Les
sources de l'Huveaune, um dort ein
zünftiges Picknick zu machen.
✉ 3 Cours Général de Gaulle, 83860 Nans-
Les-Pins 🕐 Dienstag bis Freitag 7–13 Uhr
und 15:30–19:30 Uhr, Samstag 7–19:30 Uhr,
Sonntag 7–14 Uhr, Montag geschlossen 🅿 Im
Ort 🌐 https://david-vincent.business.site

Weitere
Maison Venturini in Grasse, ✉ 1 Rue Marcel
Journet | **Banette Le P'tit Four de Saint Jean**
in Brignoles, ✉ Av. St. Jean | **Mitron Bakery**
in Menton, ✉ 8 Rue Pieta

Passende Begleitung

Die *Fougasse* ist so vielseitig, genießen
Sie dazu, worauf Sie Lust haben. Im
Sommer ist ein kühler Weißwein der
AOC Côteaux Varois en Provence zur
traditionellen *Fougasse* ohne zusätzli-
che Aromen ganz schön.

@Home

In Frankfurt, Hamburg, Darmstadt, Wies-
baden und Sulzbach wartet La Maison du
Pain mit französischen Spezialitäten auf
alle, die sich nach einem Stück Frankreich in Deutschland sehnen. In Wien
findet man im L'amour du Pain alles, was
das Herz begehrt. Schauen Sie sich um,
halten Sie die Ohren auf und fragen Sie
nach. Immer mehr französische Bäckerei-
en öffnen im deutschsprachigen Raum.

Gut zu wissen

Schneiden Sie die *Fougasse* auf und
belegen Sie sie nach Herzenslust. So
ergibt sie eine gute Wegzehrung auf
langen Autofahrten.

Pissaladière

Das Einfachste gibt oft das Beste

Eine Einwanderin

*P*issaladière oder *Pissaladiera* in Nizza wurde aus Genua von den Hafenarbeitern mitgebracht. Bereits seit dem 15. Jahrhundert kennt man die deftige und sättigende runde Backware, die einer Pizza sehr ähnlich ist. Sie kommt mit wenig aus, aber von dem Wenigen braucht sie das Beste. Und das sind, neben einem guten Brotteig, Anchovis, Zwiebeln und Oliven. In vielen Restaurants wird der säuerliche Brotteig durch einfachen Mürbeteig oder manchmal sogar industriell gefertigten Blätterteig ersetzt, was dem Gebäck nicht gut bekommt.

Umami pur

Der große Klassiker der *Cuisine Nissarde* hat seinen Namen von einer seiner Flaggschiff-Zutaten, dem *Pissalat,* in Nizza *peis salat* (gesalzener Fisch). Es handelt sich um eine mit Zimt und Nelken aromatisierte Sardellen-Sardinen-Paste, die bis zu mehreren Monaten mazerieren kann. *Pissalat* existiert seit dem ersten Jahrhundert und war zu dieser Zeit äußerst beliebt. Fisch wurde auf diese Weise haltbar gemacht, und die Paste wurde zum ersten Allrounder, um Speisen zu würzen.

Das, was wir heute als Umami bezeichnen, jene fünfte Geschmacksqualität, findet sich hier in Reinform wieder. Auch ein Grund, immer ein Glas Anchovis im Kühlschrank zu haben. Jede Tomatensauce, jeder Salat und nicht zuletzt die *Pissaladi-*

ère erhalten dadurch geschmackliche Tiefe und diesen Effekt von »schmeckt nach mehr«.

Heute wird *Pissalat* durch Sardellen oder Sardellencreme ersetzt, da es aufgrund der Fischereivorschriften sehr schwer zu bekommen ist. Im Zuge der Wiederentdeckung der Fermentation gehen einige Restaurantköche dazu über, ihr eigenes *Pissalat* herzustellen.

Kleine Oliven aus Nizza, die Caillettes, die in den Farben Rotbraun bis Schwarz vorkommen, sind wesentlicher Bestandteil. Sie werden auch Olive de Nice genannt und ausschließlich in der Region Alpes-Maritimes (06) angebaut.

Weiße, milde Zwiebeln werden mit reichlich Fett in der Pfanne angeschmolzen, bis sie glasig-goldig werden. Davon gehört eine ordentliche Menge auf den Teig.

Der Tradition nach sollen die Zwiebeln genauso dick wie der Teig selbst sein.

Anchovis geben die unvergleichliche Würze. Achten Sie beim Einkauf auch hier auf Qualität, wenn Sie die *Pissaladière* zu Hause backen. Gesalzene oder in Öl eingelegte Anchovis bekommt man in guter Qualität in der Conserverie Au Bec Fin in Cogolin vor den Toren von Saint-Tropez.

Die *Pissaladière* ist eine typische Vorspeise, die man sich gern auch mit Freunden und Familie teilt.

Verwandtschaftsverhältnisse

Ganz ähnlich kommen zwei weitere Spezialitäten daher. Die *Tarte de Menton* besteht aus dem gleichen Brotteig, der mit Zwiebeln und Oliven belegt wird. Lediglich die Anchovis gehören nicht dazu.

Für die *Pichade de Menton* wird der Boden der *Pissaladière* zusätzlich noch mit gehackten Tomaten belegt.

Leckere
Informationen

Restauranttipps

📍 **Cannes** **La Palme d'Or** 🍽 Christian Sinicropi und seine Equipe zaubern
eine mit zwei Sternen ausgezeichnete
provenzalische Küche der Extraklasse.
Sinicropi, ein Sohn Cannes', versteht es,
beste Zutaten so zu belassen, dass sie
König auf dem Teller sind, und bewegt
sich meisterlich zwischen Tradition und
Moderne. Reservieren Sie im Sommer
unbedingt einen Tisch auf der Terrasse.
✉ 73 Bd de la Croisette, 06400 Cannes
🕐 Nur Dienstag bis Samstag abends von
19:30–21:30 Uhr   🅿 Parkservice mit Valet-
Parking 48 € oder Parkplaz vor Ort 150 €
ℹ Menü 168–240 €   🌐 www.lapalmedor-
restaurant.fr

Weitere

La Socca d'Or in Nizza, ✉ 45 Rue Bonaparte |
Lou Pelandroun in Nizza, ✉ Boulevard Joseph
Garnier | **O ventre sur Pâte** in Marseille,
✉ 262 Chemin du Vallon de l'Oriol | **Boulange-
rie Veziano** in Antibes, ✉ 2 Rue de la Pompe

Passende Begleitung

Die deftige, gut gesalzene *Pissaladière*
braucht eine starke Begleitung. Probieren
Sie einen Rosé oder Weißwein des kleinen
Weinanbaugebiets Bellet vor den Toren
der Stadt. Das ist etwas ganz Besonderes.

@Home

Trauen Sie sich und backen Sie Ihre
eigene *Pissaladière*. Beim Duft der
Zwiebeln, Oliven und Anchovis auf dem
frischen Teig, der knusprig im Ofen
aufgeht, holen Sie sich das Provence-
Feeling auf den Tisch.

Do it yourself

Für eine *Pissaladière* ø 30 cm

300 g	Mehl
30 g	Frische Hefe
150 ml	Milch
	Salz
150 ml	Olivenöl
1 kg	Zwiebeln
1	Lorbeerblatt
1 Zweig	Thymian
2	Knoblauchzehen
100 g	Schwarze Oliven
20	Anchovisfilets

Für den Teig das Mehl in eine Schüssel sieben und eine kleine Mulde in der Mitte formen. Eine Prise Salz hineingeben. Die Milch erwärmen und die Hefe darin auflösen. Die Milch zum Mehl geben und einen homogenen Teig zu einer Kugel formen. Abgedeckt für mindestens eine halbe Stunde gehen lassen.
In der Zwischenzeit die Zwiebeln schälen, halbieren und in feine Streifen schneiden, den Knoblauch schälen. Olivenöl langsam erhitzen und Zwiebeln,

Knoblauch, Lorbeerblatt und Thymian in die Pfanne geben. Bei mittlerer Hitze langsam glasig dünsten. Sind die Zwiebeln nicht saftig genug, 2 Esslöffel Wasser dazugeben, fehlt etwas Süße, einen Esslöffel Puderzucker unterrühren. Die Hälfte der Anchovis fein hacken und unter die Zwiebeln mischen. Nach dem Dünsten den Knoblauch entfernen.
Den Teig ausrollen, auf ein Backblech legen und mit den Zwiebeln belegen. Bei 200 Grad Ober-/Unterhitze für ca. 30 Minuten backen. Aus dem Ofen nehmen, mit den restlichen Anchovis und den Oliven belegen und großzügig mit Olivenöl beträufeln. Lauwarm genießen, am besten mit den Fingern.

Gut zu wissen

Haben Sie einen guten Bäcker zur Hand, fragen Sie dort einfach nach Brotteig. Dann sparen Sie etwas Zeit. Ist er mit einem ordentlichen Sauerteig gemacht, werden Sie den Unterschied merken.

Marrons glacés

VEGAN

Ein Erbe der Region

Kulturhistorisches

W ie ein Baum des Brotes sei der Esskastanienbaum, sagte man im Mittelalter. Ursprünglich von den Legionären Roms aus Asien mitgebracht, wuchs der Baum gut in der Provence.

Die widerstandsfähige Esskastanie trägt den Beinamen Baum des Brotes zu Recht, denn während großer Hungersnöte im Mittelalter sicherte sie das Überleben. Esskastanien haben einen hohen Nährwert, machen satt. Die Früchte wurden frisch gegessen oder getrocknet und zu Mehl vermahlen. Das Holz konnte zum Heizen benutzt werden, die Tannine aus dem Holz verwendete man für das Gerben von Leder.

Marron oder Châtaigne

In Frankreich unterscheidet man *le Marron* und *la Châtaigne. Châtaigne* bezeichnet die Kastanie, die im Vergleich zur Marone kleiner ist. Ihre Schale ist dunkler und das Fruchtfleisch tiefer gekerbt. Außerdem sind Kastanien in zwei Teile segmentiert, und die Haut lässt sich schwerer schälen.

Keinesfalls verwechselt werden dürfen die Früchte mit der Rosskastanie, diese sind nicht essbar.

Aufwendige Herstellung

Im Herbst beginnen die *Castaneiculteurs,* jene Bauern, die sich auf den Anbau und die Verwertung der Esskastanien spezialisiert haben, mit der Ernte. Wenn die äußeren

Schalen der Kastanien aufspringen, fallen die Früchte zu Boden und werden gesammelt. In großen Wasserbassins wartet man darauf, ob sie aufsteigen oder zu Boden sinken. Die, die an die Oberfläche steigen, werden aussortiert, alle anderen wandern zum Trocknen für mindestens drei Wochen in den Keller.

Dann werden sie eingeritzt und gekocht, um die nächste Schale zu entfernen. Eine erneute Kontrolle entscheidet über ihre Verwendung, bevor mit einem Messer die krustige, sehr feine letzte Schale von den Kastanien gepult wird.

Schicht um Schicht erfolgt nun die *Glaçage,* das Umhüllen der Früchte. Dafür werden die Esskastanien immer wieder in einem Sirup aus Zucker, Traubenzucker und Bourbon-Vanille gekocht, der sie glasiert. Dabei befinden sie sich in einem Tuch aus weichem Tüll, damit die Früchte nicht kaputtgehen und vor allem nicht zu viel Sirup auf einmal aufnehmen. Dieser Prozess geht nur von Hand und kann zwischen sieben und acht Tagen andauern, je nach Größe der *Marrons.* Der Sirup dringt nach und nach in die Früchte. Wichtig ist, genau zu entscheiden, wann es genug ist. Jedes Jahr muss die Rezeptur der jeweiligen Qualität der Früchte angepasst werden.

Danach entscheidet der Confiseur, welche Kastanien die finale Hülle aus Sirup erhalten, um zu glänzen und zu funkeln. Einige Momente im Ofen reichen, um die Glasur beständig werden zu lassen. Dann trocknen die Früchte über Nacht und sind verzehrbereit.

Qualität erkennen und bewahren

Hübsche goldene Verpackungen können hinwegtäuschen über mindere Qualität. Gute *Marrons glacés* sind zart und weich und haben im Inneren ein Tröpfchen Sirup. Die Glasur ist fein und glänzt wie Satin. Im Geschmack finden sich die Aromen der Kastanie selbst wieder.

Um die Qualität zu erhalten, bewahrt man sie kühl und trocken im untersten Fach des Kühlschranks bei vier bis sechs Grad auf.

Gebäck, Dessert und mehr

Power-Food mit dicker Schale: Esskastanien

Collobrières – Hauptstadt der Esskastanien

Die bekannteste Confisierie und ihr Museum

Auf azurblauem Untergrund zeigt sich ein silberner Kastanienbaum, zu beiden Seiten von jeweils einer Natter bewacht – so präsentiert sich das Stadtwappen von Collobrières, jenem beschaulichen Örtchen im Var (83), um das herum sich 900 Hektar Kastanienhaine bis zum Massif des Maures erstrecken.

Das ganze Jahr über ist der Ort gut besucht. Drei Wochenenden im Oktober sind den Esskastanien und besonders den *Marrons glacés* gewidmet.

Seit 1948 widmen sich die Confiseure der Confiserie Azuréenne nicht nur den *Marrons glacés,* sondern auch allen weiteren Köstlichkeiten, die sich aus Esskastanien zubereiten lassen. *Crème de Marrons,* Mehl, Püree und nicht zuletzt ein elegant-intensives, sehr feines Speiseeis.

Mit viel Liebe zum Detail wurde das kleine Museum eingerichtet, das ganz der Kultur und Herstellung von Produkten aus Esskastanien gewidmet ist.

Collobrières ist so etwas wie die Hauptstadt der Marrons glaçes.

Einkaufstipps

📍 **Collobrières**   **La Confisierie Azuréenne**
Lassen Sie sich verzaubern von der
bescheidenen Esskastanie und genießen
Sie eine Kugel Eis in der hübschen Confisierie oder auf der schattigen Terrasse.
Neben den *Marrons glacés* sind die mit
Schokolade überzogenen Esskastanien
ebenfalls ein Gedicht.
✉ Boulevard Koenig, gegenüber der Pont Vieux,
83610 Collobrières 🕐 Täglich 10–12:30 und
13:30-18:30 Uhr 🅿 Im Ort parken
🔤 www.confisierieazureenne.com

📍 **Aubagne**   **Corsiglia** Das familien-
geführte Unternehmen stellt seit mehr als
hundert Jahren glasierte Maronen her. Trotz
großer Produktion wird höchste Aufmerksamkeit auf die Handwerkstradition gelegt.
✉ 455 Chemin de la Vallée, 13400 Aubagne
🕐 Montag bis Freitag 9:30–17 Uhr, Samstag
und Sonntag geschlossen 🔤 www.corsiglia.fr

Weitere
Confiserie Lilamand in Saint-Rémy-de-
Provence, ✉ 5 Av. Albert Schweitzer | **Confi-
serie Saint Denis** in Les Beaumettes, ✉ Zone
Artisanale Plan des Amandiers | **Chocolaterie
Puyricard** in Arles, ✉ 54 Rue de la République

Passende Begleitung

Marrons glacés geben ein prima Dessert
ab. Ein Kaffee oder Tee dazu, ist genau
richtig. Wer es gern hochprozentiger mag,
probiert ein Eau de Vie aus Esskastanien.

@Home

Sie finden hochwertige Produkte in den
Galeries Lafayette, in guten Feinkost-
geschäften und online zum Beispiel
hier: www.franzoesischkochen.de/shop/
products/10-glasierte-maronen-mar-
rons-glaces-200-g

Gut zu wissen

Kastanienmehl ist eine wohlschmeckende Alternative oder Ergänzung zu
anderen Mehlen. Wer sich glutenfrei
ernähren will oder muss, ist damit gut
beraten. Der nussige Geschmack macht
sich besonders gut in Gebäck.

Gebäck, Dessert und mehr

Auch als Aufstrich, Crème
des marrons, sind Esskas-
tanien fantastisch, auf einer
Scheibe warmer Brioche
geradezu himmlisch.

Kichererbsen für Socca und Co

Vom Arme-Leute-Essen zum Streetfood mit Mehrwert

Ob *Socca* in Nizza, *Panisse* in Marseille oder *Cade* in Toulon – die Kichererbse, jene bescheidene kleine Hülsenfrucht, ist seit ewigen Zeiten fester Bestandteil der provenzalischen Küche.

Socca in Nizza

Wenn man auf dem Marché aux fleurs das erste Mal vom Duft der frischen *Socca* bei Chez Thérésa angelockt wurde und sich an einem heißen Stück erst Finger und Mund verbrannt hat, um danach im kulinarischen Himmel zu schweben, dann wird klar: Die einfachen Dinge sind die Besten. In Mengen werden die Fladenstücke täglich verkauft, die Leute stehen Schlange.

Ein Arme-Leute-Essen ist die *Socca* gewesen, besteht der Teig doch lediglich aus dem Mehl der Kichererbse, Wasser, Salz und Olivenöl. Der dünne Pfannkuchen wird sehr heiß gebacken und am besten noch leicht angegrillt.

Eingewandert oder schon immer da?

Es wird behauptet, dass die Kichererbse mit der Rückkehr der Kreuzfahrer nach Europa gelangte, doch sie wurde bereits im späten achten oder frühen neunten Jahrhundert erwähnt und kam wohl aus dem Nahen Osten. Karl der Große empfahl ihren Anbau auf den königlichen Gütern.

Heutzutage schreitet der Anbau voran: Die Region Provence-Alpes-Côte d'Azur belegt Platz zwei der französischen Produktion.

Was der Name sagt

Die Kichererbse wird in der Provence *cese* genannt wird, während die Erbse *pese* heißt. Der Unterschied in der Bezeichnung zeigt, dass das Provenzalische den wahren Wurzeln des Namens viel näher ist, denn in der Botanik wird die Kichererbse *Cicer arietinum* genannt. *Arietinum* kommt von *aries,* lateinisch für Widder, weil der Samen der Kichererbse an einen Widderkopf erinnert.

Was man sich erzählt

Etwas prosaischer ist die Geschichte eines Bootes voller Kichererbsen, das am Palmsonntag während einer immensen Hungersnot in Toulon angekommen sein soll. Die Menschen von Toulon wurden durch das zucker- und eiweißreiche Essen gerettet. Daraufhin widmeten sie es dem Palmsonntag, und es entstand der Brauch, die Kichererbsen alljährlich zu feiern.

Doch auch die Bürger von Marseille behaupten, das Schiff mit den Kichererbsen

Heiß und fettig und so lecker: ein Stück Socca direkt auf die Hand

habe in ihrem Hafen angelegt. Dafür haben die *Toulonnais* eine Erklärung: Das Schiff sei an diesem Tag der Hungersnot im Hafen von Marseille angekommen, aber wegen des Sturms an den Felsen zerschollen. Die Kichererbsen schwammen darauf im Wasser des alten Hafens, doch die ungebildeten *Marseillais* konnten mit den harten Erbsen nichts anfangen und verhungerten. Dann entfachte der Mistral einen Sturm, der die Kichererbsen zurück in den Hafen von Toulon trieb, wo die weniger dummen *Toulonnais* sie einsammelten, kochten und so überlebten.

Auch noch gesund

Kichererbsenmehl ist glutenfrei und kann Weizen-, Hafer- oder Roggenmehl ersetzen. Die Früchte sind eiweißreich, enthalten Eisen, Magnesium, eine Vielzahl an wichtigen B-Vitaminen und Aminosäuren. Für eine ausgewogene und gesunde Ernährung sind sie bestens geeignet.

Alles kichert

Chichi Frégi

Sagen Sie *Churros,* können Sie gleich wieder gehen. *Chichi Frégi* sind der bekannte bunte Hund in Marseille. Sie werden in den drei kleinen Hüttchen von L'Estaque verkauft, dem kleinen Fischerort zehn Kilometer nördlich vom Vieux Port, und sind eine Institution.

Churros sind in sich verdreht, dünn und kurz. *Chichi Frégi* sind dick, prall und messen ungefähr zwanzig Zentimeter. Der flüssige Teig ist luftig und leicht. Aus Weizenmehl, Kichererbsenmehl und Orangenblütenwasser hergestellt, wird er in kochendem Öl ausgebacken und dann mit der Schere geschnitten. *Chichi Frégi* können pur gegessen werden, in Zucker gerollt, mit Haselnusspaste oder mit Schlagsahne.

Panisse aus Marseille

In Marseille werden außerdem *Panisse* gegessen. Die *Panisse* aus Kichererbsenteig gibt es in Form von Rollen mit zwanzig Zentimeter Länge und sieben Zentimeter Durchmesser. Sie werden in Scheiben geschnitten und in Öl gebraten, um sie dann sehr heiß zu verspeisen.

Cade in Toulon

Die Pfannkuchen aus Kichererbsenmehl werden hier *Cade* genannt, was auf das Wort *cauda* (heiß) zurückgeht. Sie werden nur auf einer Seite gebacken und häufig mit gehackten jungen Zwiebeln serviert. Angeblich brachten ligurische Arbeiter sie mit, die für Napoleon die Flotte aufbauten.

Sie sind jeden Freitagmorgen auf dem Markt von Cours Lafayette zu finden und werden auch von La Cade à Dédé auf vielen Märkten angeboten.

Und das beste Streetfood in Marseille

Bei Chez Charly im Viertel Noailles wird eine *Calentica* angeboten. Dafür wird ein knuspriges Baguette aufgeschnitten. Hinein kommt ein salziger Flan aus Kichererbsenmehl, dazu Harissa – zuklappen und schwärmen. Eine kleine Hommage an Algerien.

Bei Magali im Hafen von L'Estaque isst man die besten *Chichi Frégi* und *Panisse*. Und bloß nicht *Churros* sagen!

Fish&Chips Marseillais bekommt man auf die köstlichste Weise bei Céline Bonnieu im La Boîte à Sardine: Sie backt *Panisse* und serviert sie in Form von Pommes frites, dazu gibt es frischen Fisch und statt Mayonnaise ein ordentliches *Aïoli*.

La Fête du Pois Chiche

In Rougiers im Var (83) findet im September ein Kichererbsenfest statt, das von der Confrérie du Pois Chiche de Rougiers organisiert wird. Während des Fests gibt es einen provenzalischen Kichererbsensalat aus Kichererbsen, gekocht mit Zwiebeln, Schalotten, Knoblauch, Nelken, Petersilie und Tomaten, der kalt gegessen wird. Dieser Brauch hat einen liturgischen Ursprung. Man geht davon aus, dass Christus an diesem Tag ein Kichererbsenfeld überquert hat.

Leckere Informationen

Restauranttipps

📍 **Nizza**   **La Socca d'Or** 🍽️   Valérie und Frédéric servieren im hippen Viertel Petit Marais Niçois unweit des Hafens eine fantastische *Socca*. Die gesamte Bandbreite der *Cuisine Nissarde* findet sich auf der Speisekarte. Nehmen Sie die *Socca* als Vorspeise und danach eine *Ratatouille*. Oder einfach von allem. ✉️ 45 Rue Bonaparte, 06300 Nizza   🕐 Täglich von 10–14 und 18–22 Uhr, Mittwoch und Sonntag geschlossen   🅿️ Vinci Park, 350 m entfernt   🚊 Port Lympia Bus 7, 15, 30, 33, 38, 57   🌐 www.restaurant-soccador-nice.com

📍 **Nizza**   **Chez Pipo** ✖️   Vermutlich werden Sie nicht die Einzigen sein, erfreuen sich doch seit fast hundert Jahren Einheimische und natürlich

Touristen an den Speisen. Ein Bereich eigens für den Apéritif unter Freunden wurde geschaffen, Platz für Gruppen ist auch. Trotzdem ist es einfach gemütlich zwischen den alten Steinmauern, und die *Socca* ist köstlich.

✉ 13 Rue Bavatro, 06000 Nizza   🕐 Mittwoch bis Sonntag 11:30–14:30 und 17:30–22 Uhr, 1.7.–15.9. auch Dienstag geöffnet   🅿 Vinci Park, 350 m entfernt 🚏 Port Lympia Bus 7, 15, 30, 33, 38, 57   🌐 www.chezpipo.fr

Weitere

Socca Tram in Nizza, ✉ 6bis Avenue Alfred Borriglione

Passende Begleitung

So unkompliziert wie das Essen sind die Getränke. Ein Glas kühler Rosé ist bestens. Oder fragen Sie nach einem lokalen Bier. Mittlerweile gibt es in der gesamten Region sehr gute Mikro-Brauereien, z. B. Bière à la Plaine in Marseille, Brasserie de Sulauze in Miramas, Aquae Maltae in Aix-en-Provence oder BAP in Rousset-sur-Arc.

@Home

Getrocknete Kichererbsen und das dazugehörige Mehl finden Sie in allen gut sortierten Bio-Märkten.

Do it yourself

Kichererbsen kaufen Sie bitte nicht in der Dose, sondern im Glas. Noch besser nehmen Sie getrocknete und weichen sie vor der Verwendung ein. Sie werden den Unterschied bemerken.

Für eine *Socca niçoise* für vier Personen:

250 g	Kichererbsenmehl
0,5 Liter	Wasser
1 TL	Meersalz
3 EL	Olivenöl
	Frisch gemahlener schwarzer Pfeffer

Die Zutaten in einer Schüssel vermengen. Ein leicht geöltes Backblech dünn mit dem Teig bestreichen und bei maximaler Hitze kurz backen. Sobald die Oberfläche gebräunt ist, aus dem Ofen nehmen, mit Pfeffer bestreuen und in Streifen schneiden. Sofort genießen!

Gut zu wissen

Probieren Sie statt der allseits bekannten Erdnüsse zum Apéritif doch einfach geröstete Kichererbsen. Kichererbsen mit süßem Paprikapulver, Kreuzkümmel und etwas Meersalz bei 250 Grad für kurze Zeit im Ofen rösten. Riecht in der Küche himmlisch und ist auch noch sehr gesund.

Schnell wird nachgeliefert, auf dass alle ein Stück Socca bekommen.

Calissons d'Aix

Gesegnete Mandelschiffchen

Und wieder reichlich Legenden

*V*ermutlich konnten die Einwohner von Aix-en-Provence bereits im 15. Jahrhundert die kleinen Gebäckschiffchen genießen. Die hübscheste Legende besagt, dass König René seiner Angetrauten Jeanne de Laval etwas Süßes zur Hochzeit präsentieren wollte und seinen Konditor damit beauftragte. Der Provenzale überreichte die Süßigkeit der angehenden Königin in seinem herrlichsten Dialekt und antwortete auf die Frage nach dem Namen: *Di calin soun* – eine liebevolle Umarmung. Gern wird diese Geschichte noch heute bei Le Roy René in Aix erzählt, einem der Hersteller der *Calissons* mit angeschlossenem Museum.

Wie stark Glaube und Kulinarik zusammenpassen erzählt eine andere Geschichte.

Um das Jahr 1630 gelobte der Parlamentarier Martelly, dass die von der Pest gebeutelte Stadt jedes Jahr einen Dankesgottesdienst erfahren solle, gewidmet der Jungfrau von Seds, Schutzmutter der Stadt. Bis zur Französischen Revolution läuteten in ganz Aix am 1. September die Kirchenglocken und riefen zur Messe mit den lateinischen Worten *venite ad calicem* (kommt zum Kelch), um den Segen zu empfangen. Auch die Mandelschiffchen erhielten in den Kirchen ihren Segen. Daher machten die Einwohner aus dem Ruf zur Messe im provenzalischen Dialekt : *Venes toutei per lei calissoun* (Kommt alle zum Calisson).

Seit 1996 feiert man in Aix-en-Provence wieder am ersten Sonntag im September die Segnung der *Calissons* und verbindet das Fest gleich mit der Mandel, einer der drei Zutaten.

Drei Zutaten nur vom Besten

Mandelbäume, ursprünglich aus Asien, wurden bereits von den Römern im heutigen Italien kultiviert und fanden von dort ihren Weg in die Provence. Mandeln sind die Hauptzutat der *Calissons*, und echte Handwerksmeister schwören darauf, dass diese aus dem Mittelmeerraum kommen müssen. Geschmeidige, zarte Mandeln werden frisch blanchiert, gemahlen und mit kandierten Melonen aus Apt zu einer Paste verknetet. Diese wird unter Zugabe von Zucker im Wasserbad gegart und behält eine feine Körnung und Textur. Nach drei Tagen Ruhezeit kommt sie auf Oblaten, die den Boden bilden. Eine makellose Glasur, *Glace royale* genannt, bedeckt die kleinen Schiffchen.

Unzählige Rezepte existieren in den Confiserien in Aix und der gesamten Provence. Jeder fügt ein paar Geheimzutaten bei, das Grundrezept bleibt, wie es ist.

Kulinarisches Erbe schützen

Lange Zeit blieb dieses Kleinod ungeschützt, was dem Kopieren Tür und Tor öffnete. Die ansässigen *Calissoniers* konnten sich in vielen Fragen der Rezeptur nicht einig werden, sodass 2016 ein aufmerksames

Hochwertiger Honig ist eine der wichtigen Zutaten, hier stehen die Stöcke inmitten der Mandelbäume.

chinesisches Unternehmen den Markennamen beinahe für sich hätte beanspruchen können. Aus den *Calissons* wären *Kalisongs* geworden. Endlich wachte man auf und legte die Streitigkeiten bei. Die geschützte geografische Angabe IGP legt Herstellungsort, Gewicht, Größe und Zusammensetzung fest.

Man isst sie das ganze Jahr über, aber ihren größten Auftritt haben die *Calissons* zu Weihnachten, wenn sie als eines der 13 Weihnachtsdesserts, einer der schönsten kulinarischen Traditionen der Provence, auf dem Tisch brillieren dürfen.

In einer hübschen Blechschachtel verpackt, sind die *Calissons* übrigens ein perfektes Mitbringsel von der Reise.

Leckere Informationen

Einkaufstipps

📍 **Aix-en-Provence** **Chocolaterie de Puyricard** Das belgische Paar Marie-Anne und Jan-Guy Roelandts lernte im Kongo, wie gute Schokolade hergestellt wird, und gründete zunächst im kleinen Ort Puyricard die gleichnamige Chocolaterie. Heute führen Sohn und Enkeltochter die Geschäfte. Das Angebot exklusiver Produkte ist enorm. Weitere Filialen finden sich z. B. in Marseille, Aubagne, Menton, Nizza oder Salon-de-Provence.
✉ 7-9 Rue Rifle Rafle, 13100 Aix-en-Provence
🕐 Montag bis Samstag, 9–19 Uhr, Sonntag geschlossen 🅿 Parking Cardeurs
🌐 www.puyricard.fr

📍 **Aix-en-Provence** **Maison Weibel** Seit 1954 begrüßt die Maison Weibel ihre Gäste in der Pâtisserie und dem Salon de Thé mit einer Terrasse, die an einem der ältesten Plätze von Aix liegt. Hier lässt sich auch sehr gut frühstücken, Mittagspause einlegen oder zum nachmittäglichen *Goûter* gleich ein *Calisson* naschen.
✉ 2 Rue Chabrier, 13100 Aix-en-Provence
🕐 Täglich von 7:30–19 Uhr, bedient wird bis 18:30 Uhr, Frühstück bis 12 Uhr, Mittagstisch 12–15 Uhr 🅿 Parking Rotonde
🌐 www.maisonweibel.com

Weitere
Roy René in Aix-en-Provence, ✉ 11 Rue Gaston de Saporta | **Maison Béchard** in Aix-en-Provence, ✉ 12 Cr Mirabeau | **Maison Brémond** in Aix-en-Provence, ✉ 23 Rue Bédarrides

Passende Begleitung

Das Konfekt rundet ein gelungenes Mahl ab und wird zum Kaffee gereicht. Wer Kaffee nicht mag oder gern die provenzalischen Kräuter als Tee probieren mag, könnte Freude an einer *Infusion* oder

Tisane haben, einem Kräutertee z. B.
aus Lavendel oder Eisenkraut.

@Home

Falls sich in Ihrer Nähe keine Konditorei
befindet, die *Calissons* im Sortiment
hat, können diese Quellen für Ihren
Genuss zu Hause sorgen.

www.a-croquer.de/produkt-kategorie/
suesse-franzoesische-spezialitaeten/
calissons-macarons

www.provence-store.com/de/calissons-
nougat-suesswaren-kandierte-fruechte-/

283-calissons-d-aix-die-prestigebox.html

www.franzoesischkochen.de/shop/pro-
ducts/calisson-d-aix-260-g

Gut zu wissen

Es gibt *Calissons* auch von Konditoren
außerhalb von Aix-en-Provence. Diese
können ebenfalls von bester Qualität
und Geschmack sein, dürfen aber die
geografische Ursprungsbezeichnung
nicht tragen. In Gréoux-les-Bains stellt
die Maison Durandeu neben feinster
Schokolade, Nougats und *Pâtes de
fruits* auch sehr köstliche *Calissons* her.

Fruits confits

Kandiertes für die 13 Weihnachtsdesserts

Vergessen Sie alles, was Sie jemals an klebrigen, gefühlt nur aus Zucker bestehenden Früchten auf Weihnachtsmärkten zu sich genommen haben. Kandierte Früchte aus der Provence, erst recht, wenn Sie aus kleinen Confiserien kommen, sind etwas ganz anderes, ein echter Genuss.

Was wären die *Calissons* aus Aix-en-Provence, die *Brioche des Rois* zum Dreikönigstag oder der gedeckte Tisch mit 13 Desserts zu Weihnachten ohne die unverwechselbaren kandierten Früchte?

Die Provence als opulenter Obstgarten

Zu Beginn des 16. Jahrhunderts war die Region arm, jedoch gesegnet mit Früchten in Hülle und Fülle durch günstige Witterungsbedingungen. Es stellte sich unter anderem der Arzt, Apotheker und Astrologe Nostradamus, Sohn der Stadt Saint-Rémy-de-Provence, die Frage, wie das viele Obst zu konservieren sei. Er schlug vor, das Obst in Zuckerbrühe mehrfach einzulegen, um es haltbar zu machen. Bereits 1555 schreib er eine kurze Abhandlung, wie man Früchte kandiert.

Die Hauptstadt der kandierten Früchte

Das Kandieren von Früchten ist seit der Antike bekannt. Im mittleren Orient und im Maghreb wurden damals dank des verfügbaren Honigs Früchte eingelegt.

Im Herzen des Naturparks Lubéron liegt die Stadt Apt, die bis heute das Zentrum dieser Süßigkeit ist. Eine Bruderschaft kümmert sich um die Weitergabe des Wissens und des traditionellen Handwerks. Das Ansehen der Stadt und ihr Verdienst gehen zurück auf zwei Söhne der Stadt, die als Confiseure am päpstlichen Palast in Avignon ihr Zuckerhandwerk zu majestätisch-kunstvoller Perfektion brachten. Die Kunde verbreitete sich durchs Land, über Paris nahmen die Köstlichkeiten ihren Weg an die europäischen Höfe.

Nur vom Besten

Nur die besten Früchte der Provence finden ihren Weg in die Manufakturen der Confiseure. Kurz vor der Ausreifung müssen sie gepflückt und umgehend verarbeitet werden, damit die feinen Aromen erhalten bleiben.

Einige Sorten eignen sich besonders zur Veredelung, darunter die Aprikosensorte Rosé de Provence, die Feige Petite Marseillaise oder auch die Kirschensorten Bigarreau Burlat, die Sauerkirsche Griotte de Provence und die Knorpelkirsche Hedelfingen de Vaucluse. Besonders beliebt sind die kandierten kleinen Stücke von Zitrusfrüchten, Melonen oder Kirschen.

Kandiert wird nicht nur in Apt, sondern auch in Carpentras, wo der Sirup für die Bonbon-Spezialität *Berlingots* gebraucht wird, und in Saint-Rémy-de-Provence. Ein hervorragender Familienbetrieb ist die Confiserie Saint-Denis in Les Beaumettes en Luberon.

Wie kandiert wird

Geduld und viel Zeit braucht es, aber vor allem Liebe, Hingabe und Respekt gegenüber den Früchten, sodass die sich ihre Zeit nehmen können, um zu wachsen und zu rei-

Früchte direkt nach einem »Tauchgang« während der Confisage

fen, sagt Sylvie Rastouil von der Confiserie Saint-Denis.

Die *Confisage* ist ein langwieriger Vorgang. Das Wasser der Früchte wird nach und nach durch einen Zuckersirup ausgetauscht. In mehreren Durchgängen, je nach Größe der Früchte manchmal zwölf bis fünfzehn Mal, baden die Früchte im heißen Sirup. Anfangs ist der Sirup noch mit wenig Zucker versehen, nach und nach wird die Konzentration erhöht, damit der Zucker in die gesamte Frucht eindringen kann. Das dauert mitunter zwischen vier und acht Wochen.

Um sie am Ende besonders prachtvoll erstrahlen zu lassen, bekommen die Früchte eine abschließende, glänzende Schicht, die sie haltbar macht und die nicht an den Fingern klebt.

Heute produzieren einige Fabriken wie Ap-tunion im Vaucluse (84) kandierte Früchte industriell, aber Handwerksbetriebe wie Fruidoraix in Eguilles und Lilamand in Saint-Rémy-de-Provence führen eine alte Tradition weiter. In Aix-en-Provence arbeiten Confiseure wie Béchard, Brémond oder Léonard Parli, die auf traditionelle Weise kandieren.

Pierre Lilamand, unverzichtbarer Konditor und Schützer des Zuckerhandwerks in Saint-Rémy-de-Provence, geht auch neue Wege. Nach ein paar scharfen Versuchen, die ziemlich auf der Zunge brannten, confiert er nun süße rote und gelbe Paprika, die ausnehmend gut zu einer provenzalischen Lammkeule passen.

Leckere Informationen

Einkaufstipps

📍 **Les Beaumettes** **Confiserie Saint-Denis** Seit 1873 existiert die Confiserie und ist ein echter Familienbetrieb. Eine Führung lohnt sich, für einzelne Personen in der Regel freitags, von April bis Oktober. Zwischen Mitte November und Weihnachten ist Hochsaison und täglich geöffnet.

✉ ZA Zona Le plan des Amandiers, 84220 Les Beaumettes 🕐 Montag bis Samstag 9:30–12 und 14:30–19 Uhr 🅿 Vorhanden

🌐 www.confiserie-saintdenis.fr

Confiseur Seit fünf Generationen wird feinste Confiserie hergestellt. Neben kandierten Früchten in allen Größen werden auch Schokoladen, Früchtebrot und *Calissons* angeboten. Vielleicht probieren sie auch die kandierten Paprika. Zwei Filialen gibt es in Saint-Rémy, eine weitere in L'Isle-sur-la-Sorgue.

✉ 5 Av. Albert Schweitzer, 13210 Saint-Rémy-de-Provence 🕐 Dienstag bis Samstag 10–12:30 Uhr und 14:30–19 Uhr

🌐 www.confiserie-lilamand.com

Weitere

Confiserie Serge Clavel in Carpentras, ✉ Place Aristide briand | **La Confiserie du Mont Ventoux** in Carpentras, ✉ 1184 Avenue Dwight Eisenhower | **La Maison du Fruits Confit** in Apt, ✉ 538 Quartier Salignan, D900

Passende Begleitung

Gönnen Sie sich zu kleinen Stücken kandierter Früchte einfach einen guten Espresso. Oder Sie lassen sich einen Tee aus den getrockneten Schalen von Orangen und Zitronen aufgießen.

@Home

Manche Confiserien versenden auch außerhalb Frankreichs. Fragen Sie am besten in den jeweiligen Geschäften. Das Porto ist sicher nicht günstig, aber die Qualität lohnt den Aufwand. Vielleicht bestellen Sie gleich für Familie und Freunde mit.

Gut zu wissen

Die kandierten Früchte sind sehr gut haltbar. Für Kuchen, Gebäck und Desserts braucht man meist nur kleine Mengen. Am besten bringt man sich eine Auswahl kleiner Früchte und Fruchtstücke mit und hat lange etwas davon.

Gebäck, Dessert und mehr

Fruits confits auf einer Couronne des Rois, einem Gebäck, das es in der Provence zum Feiertag »Heilige Drei Könige« gibt.

Navettes de Marseille

Kleines Schiffchen für die kleine Pause

Während viele Franzosen sich zu La Chandeleur (Mariä Lichtmess) mit Crêpes die Bäuche vollschlagen, haben die Einwohner von Marseille ihre *Navettes*. Aus Weizenmehl, Zucker, Eiern und Orangenblütenwasser werden die kleinen Schiffchen gebacken und traditionell zum Feiertag am 2. Februar gegessen. Natürlich nicht nur dann. Heutzutage bekommt man sie täglich frisch in Marseille.

Ein Boot wird kommen

Über den Ursprung gibt es mehrere Legenden. Die bekannteste ist sicherlich die von dem Boot, das die drei Marien in Saintes-Maries-de-la-Mer in der Camargue an die Küste brachte. Monsieur Aveyrous brachte

das auf die Idee, ein Gebäck in Form eines Bootes zu backen. Er gründete 1781 Four des Navettes, die älteste Bäckerei von Marseille, in der noch heute die *Navettes* gebacken werden.

Interessant ist auch eine weitere Interpretation: Zur Huldigung und Feier der Muttergöttin wurden die *Navettes* gereicht und symbolisierten Fruchtbarkeit.

Prozession und Segnung der Navettes

Am 2. Februar ist das ganze Stadtviertel Saint Victor eingehüllt in den betörenden Duft von Orangenblütenwasser. Eine der wichtigsten Traditionen in Marseille ist die Prozession mit anschließender Segung der *Navettes,* sodass die Straßen am frühen Morgen schon gesäumt sind mit Anwohnern und Schaulustigen.

Am Quai des Belges am Vieux Port beginnt die Prozession: Die berühmte Schwarze Jungfrau wird getragen, dazu gibt es grüne Kerzen, die Licht, Hoffnung und das reinigende Feuer symbolisieren. Der Zug nimmt seinen Weg bis zur Abtei Saint Victor, der ältesten Kirche von Marseille. Dort segnet der Erzbischof von Marseille zunächst in Anwesenheit des Bürgermeisters die Stadt, das Meer und die grünen Kerzen. Nach der Messe führt der Weg zur nahegelegenen Bäckerei Four des Navettes zur Segnung der Gebäckschiffchen.

Le Four des Navettes – Bäckerei mit Geschichte

Die Bäckerei Four des Navettes in der Rue Sainte, der heiligen Straße, die zur Abtei führt, ist in den Händen des Handwerksmeister Jean-Claude Imbert und seines Sohnes Nicolas. Seit mehr als 200 Jahren wird das Rezept wie ein Geheimnis in der Familie gehütet und verteidigt. Unverändert ist die Rezeptur seit der Gründung der Bäckerei 1781. Ein Gewölbeofen wurde Ende des 18. Jahrhunderts erbaut und ist noch heute in Betrieb. Nur er ermöglicht die unvergleichliche Qualität der *Navettes*

und ist ausschließlich ihnen gewidmet. Ein lokales Kulturerbe von historischem und kulinarischem Wert.

Neben der altehrwürdigen Bäckerei im alten Marseille lohnt sich ein Ausflug ins Les Docks Village, einem historischen Gebäudekomplex im Viertel Joliette, der aufwendig restauriert wurde und Geschäfte, Restaurants und Büros beherbergt. Dort gibt es eine kleine Dépendance.

Außer der Bäckerei Four des Navettes stellt auch die Bäckerei Les Navettes des Accoules die kleinen Schiffchen her. Sie liegt auf der gegenüberliegenden Seite, im Panier-Viertel, nur einen Steinwurf vom Vieux Port entfernt. Hier backt José Orsoni, der von allen nur Jo Navettes genannt wird, seit 1986 die *Navettes*. Er ist halb Korse, halb Marseillais und wird mittlerweile er von seiner Tochter Marie-Julie und Schwiegersohn Clément unterstützt. Neben den guten Zutaten wandern jede Menge Leidenschaft und Können in die kleinen Gebäckschiffchen. Orsoni bringt mehr als 35 Jahre Erfahrung in der *Navettologie* mit, wie die Franzosen die Kunst, *Navettes* zu backen, liebevoll nennen. 150 Eier wandern bei ihm jeden Tag in den Teig, um 1.000 *Navettes* aus dem Ofen zu holen.

Die beiden Bäckereien sind die einzigen, die die Spezialität traditionell herstellen.

Leckere Informationen

Einkaufstipps

♀ Marseille   Le Four des Navettes ✕
Auf einer Ecke in der Rue Sainte steht
man in der ältesten Bäckerei von Marseille, der große Ofen dominiert. Am frühen Morgen hingehen, dann kann man
sehen, wie die *Navettes* aus dem Ofen
kommen. Im Anschluss nehmen Sie den
kurzen Weg zur Abtei Saint Victor und
atmen ein bisschen Geschichte.
✉ 136 Rue Sainte 13007 Marseille 🕐 Montag
bis Samstag 7–20 Uhr, Sonntag 9–13 und
15–19:30 Uhr   🌐 www.fourdesnavettes.com

**♀ Marseille   Les Navettes des Accou-
les ✕**   Im quirligen Panier-Viertel liegt
die Bäckerei, in der jeden Tag, unter
den Augen der Kunden die *Navettes*
gebacken werden. Lassen Sie sich
anstecken vom spritzigen Gemüt des
Besitzers und probieren Sie ruhig auch
die *Biscuits Corses.*
✉ 68 Rue Caisserie 🕐 Montag bis Samstag
9:30–19 Uhr, Sonntag 10-18 Uhr
🌐 www.les-navettes-des-accoules.com

Passende Begleitung

Das immer noch und besonders bei Kindern beliebte nachmittägliche *Goûter,*
ein kleiner Snack, ist die beste Gelegenheit, die *Navettes* mit einem kleinen
Café Noisette zu genießen. Zum Espresso kommt ein winziger Schluck Milch
und vielleicht gestatten Sie sich sogar,
das kleine Schiffchen einzutunken.

Wenn man einmal in Marseille ist, dann
lohnt ein Abstecher, um sich eigene
Petanque-Kugeln anfertigen zu lassen.

@Home

Nur die echten *Navettes de Marseille*
kommen auch aus Marseille. Es werden
online *Navettes de Provence* angeboten,
da der Brauch zu Mariä Lichtmess in der
gesamten Provence gefeiert wird.

Navettes de Provence finden Sie hier:
www.comtes-de-provence.fr/de/produit/
bio-kekse-navettes-de-provence-mit-
orangenbluete-in-der-metalldose-400g

www.franzoesischkochen.de/shop/
products/navetttes-aus-der-provence

Gut zu wissen

Auf vielen provenzalischen Märkten wird
Gebäck angeboten, das sich *Navet-
tes* nennt, oftmals mit sehr intensi-
ven künstlichen Aromen oder sogar
Farbstoffen. Nehmen Sie die echten
Navettes – ein Besuch in Marseille lohnt
immer und Sie unterstützen eine alte
Handwerkstradition.

Tarte Tropézienne

Ein Kuchen für die BB

La Tarte Tropezienne ist nicht nur der Name einer Konditorei im Küstenörtchen Saint-Tropez, die weltweit bekannt ist, sondern auch die Geschichte einer ganzen Familie und schönen Begegnungen, die dazu beigetragen haben, dass ein Kuchen zu einer Legende wurde.

Wie alles begann

Der junge Pole Alexandre Micka kam 1945 nach Saint-Tropez an die Côte d'Azur. Er war weder Maler noch Schriftsteller, weder Schauspieler oder Musiker. Er kam der Liebe wegen und gründete eine Konditorei. Im Gepäck hatte er das Rezept seiner Großmutter für einen gefüllten Kuchen. Ein Brioche-Teig wird in der Mitte in zwei Hälften geteilt und mit zwei Füllungen versehen,

einer aus Buttercreme und einer aus Puddingcreme.

1955 verhalf Brigitte Bardot dem Kuchen zum Aufstieg ins Rampenlicht als *Tarte Tropézienne*. An der Küste wurde der Film *... und ewig lockt das Weib* gedreht, mit Brigitte Bardot in der Hauptrolle. Der Konditor versorgte das gesamte Filmset, und die als BB berühmte Bardot schlug vor, den Kuchen Tarte von Saint-Tropez zu nennen. Der Konditor entschied sich für den Namen *Tarte Tropézienne,* bekam 1973 das Herstellungspatent und war ein gemachter Mann.

Der Weg zu Erfolg und High-Society-Flair

Der Grundstein für das heutige moderne Familienunternehmen wurde 1985 mit

Das Stammhaus in der Innenstadt von Saint-Tropez an der Place des Lices

dem Zusammentreffen von Alexandre Micka und Albert Dufrêne gelegt. Die Familie übernahm die Konditorei, kaufte die Rechte an der Herstellungsweise und startete richtig durch. Dufrêne hatte ein sicheres Händchen für neue Konzepte. Ab 1991 belieferte er als Caterer den Automobilsport und wurde offizieller Vertragspartner des Renault-F1-Teams. Im Haupthaus von La Tarte Tropézienne an der Place des Lices in Saint-Tropez gibt es noch heute unzählige Fotografien vom bunten Treiben der Schönen und Reichen aus jener Zeit, von Filmsternchen und dem Rennsport an der Côte d'Azur.

Albert Dufrênes Sohn Sacha gehört zur neuen Generation und ist wendig dabei, immer wieder neue Standorte auszumachen und mit den Pâtissiers die Produktpalette zu erweitern. Nach und nach eröffnen Filialen an der gesamten Küste, außerdem in Paris und in den französischen Alpen in Courchevel und Megève.

Am Flughafen Nizza und in den Galeries Lafayette gibt es Pop-up-Stores, in denen die süße Köstlichkeit gekauft werden kann.

Oft kopiert, niemals erreicht

»Souvent imitée, jamais égalée« lautet der Werbeslogan, mit dem die Familie Dufrêne spielt. Auf Deutsch: Oft nachgeahmt, nie erreicht. Es gibt viele Rezepte für die Tarte Tropézienne, aber das Rezept für die originale Tarte Tropézienne wird niemals verraten. Viele gekrönte Küchenhäupter, unter anderem Arnaud Donckele aus Saint-Tropez oder Marc Veyrat und Yannick Alléno, beides Freunde der Familie Dufrêne, haben sich an einer Rezeptur probiert und mussten feststellen, dass das Original einfach unerreichbar ist.

Leckere Informationen

Restauranttipps

📍 **Saint-Tropez** **La Table Tropézienne** ✕

Am Hauptstandort gibt es außer der Bäckerei und Konditorei auch ein sehr gutes kleines Restaurant und einen *Salon de Thé*. Typisch provenzalische Speisen wie *Soupe au Pistou* und ein einfaches, sehr köstliches Mittagsmenü machen den Besuch lohnenswert. Das Restaurant in der oberen Etage hat einen schönen Blick auf die lebendige Place des Lices, besonders an den Markttagen dienstags und samstags. Dann atmet man richtiges Saint-Tropez-Gefühl.

✉ Place des Lices, 83990 Saint-Tropez 🕐 Täglich 8–18 Uhr 🅿 Parkhäuser gibt es fußläufig, unter anderem Parking Foch 🛈 Für das Restaurant ist eine Reservierung erforderlich, die Plätze sind begrenzt. 🌐 www.latartetropezienne.de

📍 **Saint-Tropez** **La Vague d'Or** 🍽

Pures Riviera-Lebensgefühl in einem exklusiven Ambiente mit höchstem kulinarischen Anspruch bietet das Restaurant La Vague d'Or im Hotel Cheval Blanc Saint-Tropez. Arnaud Donckele serviert seine Interpretation der *Tarte Tropézienne* mit exquisiten Zitrusfrüchten wie Yuzu und Buddhas Hand in Form eines Kranzes. Edel, mondän und erlesen – ein Besuch dort wird zum besonderen Moment.

✉ Plage de la Bouillabaisse, 83990 Saint-Tropez 🕐 Aktuelle Öffnungszeiten sind der Website zu entnehmen www.chevalblanc.com/fr/maison/st-tropez/restaurants-et-bars 🅿 Vorhanden 🛈 Reservierung erforderlich

Auch Mini Trop gibt es, die Tarte in ihrer kleinsten Ausführung.

Passende Begleitung

Die *Tarte Tropézienne* ist ein klassisches Dessert, das in Begleitung eines passenden Weins den wundervollen Abschluss eines Menüs ergibt. Empfehlenswert dazu ist ein natursüßer Wein, zum Beispiel ein Muscat de Beaumes-de-Venise der Domaine des Bernardins.
Sehr erfrischend ist ein kohlensäurehaltiges, gut gekühltes Wasser mit einem Spritzer Orangenblütenwasser.

@Home

Die *Tarte Tropézienne* ist ein frisches, vor allem aber fragiles Backwerk, und sollte vor Ort gekauft und genossen werden. Erfreulicherweise breiten sich französische Bäckereien und Konditoreien auch im deutschsprachigen Raum aus. Einfach mal nachfragen und bestellen.

Do it yourself

Ein bisschen Zeit muss man sich nehmen, um den berühmten Kuchen der Stadt Saint-Tropez zu backen. Ein nachvollziehbares, verständliches Rezept bietet Aurélie Bastian auf ihrem Blog: www.franzoesischkochen.de/tarte-tropezienne-a-la-brigitte-bardot-coquillages-et-crustaces

Gut zu wissen

Neben der ursprünglichen *Tarte Tropézienne,* die gut und gern sechs Personen verführen kann, gibt es nunmehr Mini-

Ausführungen, die sogenannte Baby Trop', in verschiedenen Geschmacksvariationen wie Pistazie, Himbeere, Rosmarin oder Zitrone.

Gebäck, Dessert und mehr

Weißer Nougat

Lavendelhonig und Mandeln

*W*enn die Enkelkinder mit glänzenden Augen *»Tu nous gâte«* riefen, dann ging der Großmutter das Herz auf. »Du verwöhnst uns« war wohl das schönste Kompliment. Und so soll das süße Stückchen zu dem Namen Nougat gekommen sein. Eine bezaubernde Erklärung, doch Sprachforscher gehen von einem anderen Ursprung aus: Das lateinische *nux gatum* bezeichnete einen Nusskuchen. Die Nüsse wurden später ersetzt. Heute besteht die Spezialität aus Honig, Zucker und Mandeln, dazu kommen häufig Pistazien.

Wie der Weiße Nougat in die Provence kam

Schon in der Antike stellten Griechen und Römer ähnliche Süßigkeiten her. Die ersten Rezepte für Weißen Nougat stammen aus dem Nahen Osten und sind seit dem 10. Jahrhundert dokumentiert. Vermutet wird, dass der Nougat seinen Weg über die Handelswege in die Provence fand und sich dort ausbreitete. Im Mittelalter blieb die süße Köstlichkeit den Wohlhabenden vorbehalten.

Das okzitanische Wort *nogat* (Mandel) erschien 1595 in einem Apothekenbuch und 1607 in einem Buch, das die Schätze für gute Gesundheit beschreibt. Heute ist festgehalten, dass *nogats* in Frankreich ausschließlich in der Provence und im Languedoc hergestellt werden dürfen, auf landwirtschaftlichen Flächen, die für den Anbau von Mandelbäumen günstig sind.

Auch hier gilt, dass die Qualität des Nougats von der Qualität der Zutaten abhängt. Mit reinem Lavendelhonig beginnt der Prozess. Der Honig wird im Wasserbad erhitzt, damit das enthaltene Wasser verdunsten kann. Dann werden Eiweiß und Zucker hinzugefügt, die vorher mit etwas Traubenzucker aufgekocht wurden. Das verhindert das unschöne Auskristallisieren. Nun muss die Temperatur kontrolliert werden: Steigt sie über 150 Grad, wird der Nougat hart wie Stein. Bleibt sie unter 120 Grad, bleibt er weich. Die Masse muss vorsichtig, aber kräftig aufgeschlagen werden. Erfahrene Nougatiers überzeugen sich mit dem Finger von der richtigen Konsistenz.

In den Manufakturen der Familie Silvain in St. Didier und bei André Boyer in Sault kann man das mit eigenen Augen staunend beobachten.

Für jeden Geschmack etwas dabei: Nougat in allen Sorten bei Nougat Silvain

Dann kommen halbierte, grob gehackte Mandeln und Pistazien dazu, und die Masse wird in Rahmen gestrichen. Danach fügt man die Oblaten dazu und lässt alles austrocknen. Geschnitten wird der Nougat entweder in längliche, flache Stücke, ähnlich einer sehr schmalen Schokoladentafel, oder aber gleich in mundgerechte kleine Stücke, die einzeln verpackt werden.

Gute Qualität erkennen

Mindere Qualität erkennt man an einem Übermaß an Süße, zudem fehlen Aromen gänzlich. Einen handwerklich hochwertigen Weißen Nougat erkennen Sie an einer zurückhaltenden Süße, eleganten Mandel- und Pistazienaromen und einer Spur Lavendel.

Schwarzer Nougat ist ebenso köstlich. Dafür nutzen Nougatiers Blütenhonig, der beim Erhitzen dunkel wird, dazu geröstete Mandeln. Eine unvergleichliche Note von Karamell beim Auspacken ist sicher.

Auch Weißer und Schwarzer Nougat darf in der Riege der 13 Weihnachtsdesserts nicht fehlen.

Nachhaltigkeit und Verantwortung

Die Familie des Nougatiers Silvain in Saint-Didier ist Vorreiter, wenn es um den Erhalt und pfleglichen Umgang mit Ressourcen geht. Der Mandelbaum ist mittlerweile bedroht, klimatische Veränderungen setzen ihm zu. Fast die gesamte Menge der in Frankreich verzehrten Mandeln kommt aus Kalifornien, wo man das weltweite Marktmonopol hält. Intensive Bewirtschaftung erschöpft die Ressourcen.

Deshalb hat sich die Familie Silvain entscheiden, dreißig Hektar Mandelbäume nach einer ökologisch verträglichen Methode zu bewirtschaften. Bodenbegrünung und Tropfbewässerung verhindern Erosion und sind umweltfreundlich.

Vierhundert Bienenstöcke liefern Lavendel-, Kastanien-, Kräuter- und Blütenhonig für die eigene Nougatproduktion. Lavendelhonig bildet dabei den größten Anteil, die Bienenstöcke stehen auf dem Plateau de Valensole.

Wissen für den Nachwuchs

Im Sommer können sowohl die Bienenstöcke als auch die Mandelbäume auf Anmeldung bei einer Führung besichtigt werden. Kinder und Erwachsene lernen auf einem Ausflug, wie Honig entsteht und wie der Kreislauf aus Mandelblüte, Fruchtausbildung, Reife und Ernte verläuft. Auch wenn es das Angebot bisher nur auf Französisch

gibt – die Erklärungen sind gut nachvollziehbar und die Zeit in der Natur unvergleichlich erholsam.

Extravagante Häppchen

Wer dem Gaumen etwas Außergewöhnliches gönnen mag, der probiert den Weißen Nougat in den Apéritif-Variationen. Mundgerechte Häppchen, Tafeln oder größere Stücke, die man selbst schneiden kann, gibt es unter anderem mit schwarzen Oliven aus Nyons, schwarzem Penja-Pfeffer oder getrockneten Tomaten und Piment d'Espelette.

Herzhaft zum Apéritif: Nougat mit getrockneten oder schwarzen Oliven

Leckere Informationen

Einkaufstipps

⚲ Saint-Didier   Nougats Silvain ♨
Nach 45 Minuten Besichtigung der Herstellung (auf der Website oder den Social-Media-Kanälen nach aktuellen Terminen erkundigen), einem lehrreichen Video und der Verkostung nimmt man zunächst im luftigen Tee-Salon Platz und probiert weitere Sorten, bevor man im angeschlossenen großzügigen Geschäft für sich selbst und Daheimgebliebene einkauft. Nehmen Sie dort auch gleich Honig und Mandeln mit.

✉ 4 Place Neuve, BP 25, 84210 Saint-Didier
🕐 Februar–Mai 10–12 und 14–18 Uhr, Montag geschlossen; täglich im Juni und von September–Dezember 10–12 und 14–18 Uhr; Juli–August täglich 10–12 und 15–19 Uhr; im Januar Betriebsferien
🅿 Großzügig vorhanden
🌐 www.nougats-silvain.fr

⚲ Sault   André Boyer ✗ Seit 1887 steht die Familie für höchste Handwerkskunst. Im historischen Geschäft fühlt man sich zurückversetzt in die gute alte Zeit. Man kann der Herstellung beiwohnen, verkosten und neben dem köstlichen Nougat auch andere Confiserie-Spezialitäten einkaufen.

✉ Place de l'Europe, 84390 Sault en Provence 🕐 MMontag, Dienstag, Donnerstag 8–12:30 und 14–18:30 Uhr, Mittwoch 8–12:30 Uhr, Freitag bis Sonntag 8–18:30 Uhr
🌐 www.nougat-boyer.fr

Passende Begleitung

Probieren Sie einen Hydromel dazu. Leicht prickelnd und gut gekühlt, ist das fermentierte Getränk aus Wasser und Honig eine tolle Ergänzung zum Nougat. Auch sehr fein als Begleitung ist ein Tee aus Lavendelblüten.

@Home

Sie können auch zu Hause in feinstem Nougat schwelgen. Über die Website von Nougats Silvain können Sie sich alle Produkte bestellen.

Gut zu wissen

Womöglich erscheint der Name zunächst irritierend. Im deutschsprachigen Raum kennen wir Nougat für gewöhnlich als schokoladige Süßigkeit, die im Wesentlichen aus gerösteten Haselnüssen und Kakao besteht. In der Schweiz wird auch Blätterkrokant so bezeichnet. In Italien heißt es Gianduja. Wenn Sie in der Provence auf Nougat treffen, ist es der Weiße oder Schwarze Nougat.

Essen und Übernachten typisch provenzalisch

Die Region Provence-Alpes-Côte d'Azur bietet für einen gelungenen Aufenthalt wunderschöne Rückzugsmöglichkeiten. Viele davon, unter anderem die provenzalischen Gutshöfe Mas de Peint und Mas des Grès, sind mit Qualitätslabels wie »Esprit Parc National« und »Valeur Parc Naturel Régional« für Umweltfreundlichkeit und Nachhaltigkeit ausgezeichnet.

Gîtes und Chambres d'hôtes

Typisch für Frankreich sind *Chambres d'hôtes* und *Gîtes*. Private Zimmer werden in der Regel inklusive Frühstück angeboten, für separate Ferienhäuser oder Wohnungen, die Gîtes, kann dieses dazugebucht werden. Wer Freude und Interesse daran hat, mit Menschen in Kontakt zu kommen, für den ist das die richtige Form des Reisens in der Provence. Viele Gastgeber bewirten mittags oder abends die Gäste an ihrem Tisch, dem sogenannten *Table d'hôtes*. Es gibt ein Menü zum fixen Preis, dazu Geschichten und Tipps der Gastgeber.

Domaine la Parpaille

Die Domaine la Parpaille stammt aus dem 17. Jahrhundert und liegt im bezaubernden Cucuron im Naturpark Luberon, dreißig Minuten von Aix-en-Provence und jeweils eine Stunde von Marseille und Cassis entfernt. Harmonisch fügt sich das Anwesen in die Landschaft. Eve, die Gastgeberin, lädt nicht nur ins Haus ihrer Kindheit ein, sondern auch zu Kochkursen. Ihr ist ein entschleunigtes Leben im Einklang mit der Natur und einer gesunden und schmackhaften Küche für sich und ihre Gäste wichtig. Tempo rausnehmen, sich wieder verbunden fühlen und einfach auftanken.

Sich nach einem langen, entdeckungsreichen Tag an einem ruhigen, entspannenden und schönen Ort aufgehoben zu wissen steigert das Wohlbefinden auf einer Reise ungemein. Private und familiäre Unterkünfte auf alten provenzalischen Gutshöfen, die aufwendig restauriert wurden, stilvolle Auberges und Hotels bieten die Gelegenheit, vortrefflich zu speisen und sich anschließend wohlig zu betten und süß zu träumen.

La Chambre d'Apolline

Ländlich-ruhig und entspannt geht es in Grambois zu. Das alte Natursteinhaus mit Zimmern, ein weiteres separates Haus und ein alter Zirkuswagen, der im weiten Garten steht, beherbergen die Gäste. Die Familie betreibt Landwirtschaft und einen großzügigen Obstgarten, in dem die Gäste munter selbst ernten dürfen, und sie stellt ätherische Öle her. Das Ferienhaus wurde 2021 aufwendig und vollständig renoviert. Zusätzliche Annehmlichkeiten sind der schöne Pool, Fahrräder für kleine Erkundungstouren und natürlich auch ein *Table d'hôtes* für das Abendessen.

Typisch provenzalisch – Übernachten auf einem Mas

Ein *Mas* ist ein frei stehendes bäuerliches Anwesen in der Provence, ähnlich dem, was im deutschsprachigen Raum als Bauern- oder Gutshof bekannt ist. Mit viel Enthusiasmus, Leidenschaft und reichlich finanziellen Investitionen wurden viele solcher Anwesen in der Provence wieder aufgebaut und bieten nun komfortable Unterkünfte und Restaurants.

Traumhaft schön, ruhig und typisch provenzalisch: das Mas de Guilles

Mas de Guilles

Vierhundert Jahre Geschichte erzählen die Mauern des enormen Anwesens inmitten der Weinberge in Lourmarin. Ein bisschen wie im Märchen fühlt man sich: Überall sind kleine Mäuerchen, romantische Eckchen, ein Rosengarten und ein Park, der sich über drei Hektar ausbreitet. Platanen beschatten die weitläufige Terrasse, und der Blick darf weit ins Land wandern. Die Zimmer sind modern und mit allen Annehmlichkeiten ausgestattet.

Michèle und Patrick Lherm sind zugewandte Gastgeber, die aufmerksam für einen unvergesslichen Aufenthalt sorgen. Im Restaurant Les Terrasses de Guilles von Küchenchef Patrick Lherm trifft provenzalische Küche mit lokalen Produkten auf die aus der Region Lot, seiner Heimat.

Mas de Peint

Außerhalb von Arles liegt das wunderschöne *Mas* der Familie Bon. Im 17. Jahrhundert erbaut, birgt das Anwesen heute ein Hotel der Spitzenklasse. Im fünfhundert Hektar großen Naturpark der Camargue haben die Stierzüchter einen Ort geschaffen, der naturnahe Erholung, Übernachten in hochwertigem Ambiente und Speisen in bester Qualität und Zubereitung vereint. Wagen Sie einen Ausritt und beobachten Sie die naturnah lebenden Pferde und Stiere der *Manade*. Umweltbewusstsein ist hier ein Kernwert: nachhaltige Bewirtschaftung, biologischer Reisanbau und Stromerzeugung mit Solarzellen. Die Speisekarte verheißt die Spezialitäten der Camargue, Stierfleisch aus eigener Züchtung und Obst und Gemüse aus dem Garten.

Hübsche Hotels für unterwegs

Le Patio de Sophie

Mitten in Sisteron sind zwei Häuser zusammengewachsen. Alte Substanz wurde renoviert, die geschnitzten Türen und alten Balken blieben erhalten, ebenso Mosaike und Terrakottafliesen. Liebevoll eingerichtet sind die sieben Zimmer und kleinen Suiten. Die Treppe ist schmal, und es geht eng zu, dafür umso gemütlicher. Das Frühstück

Urig und gemütlich sind die Zimmer im Le Patio de Sophie.

wird jeden Morgen im hübschen Steinzimmer neben dem Patio serviert. Im kleinen Restaurant La Table du Patio im unteren Bereich des Hotels serviert Besitzerin Sophie Hausmannskost aus Sisteron und Umgebung. Gut zu wissen: Das Hotel liegt im Fußgängerbereich. Fahrzeuge können im Ort oder am Ortsrand geparkt werden.

Hotel Les Lauriers

Nur zwanzig Meter von der Place des Lices und ihren Restaurants und Geschäften entfernt liegt in Saint-Tropez das kleine Boutique-Hotel. Die Einrichtung ist frisch, modern, mit Bohème-Akzenten und Vintage-Stücken. Im gemütlichen, schattigen Garten kann man der brennenden Sonne entfliehen und unter den Mandarinenbäumen frühstücken. Warm und entspannt sind die Gastgeber, die sich bestens auskennen und gern ihre Tipps verraten.

Ein bisschen Luxus

Domaine de Valmouriane

Das Hotel Le Domaine de la Valmouriane, ein herrschaftliches Anwesen, liegt in einem sechs Hektar großen Park mit Pinien und Olivenbäumen im Herzen des regionalen Naturparks Alpilles in der Nähe von Saint-Rémy-de-Provence. Die Domaine wurde mit viel Leidenschaft komplett renoviert und vereint Luxus, Authentizität und den Charme unberührter Natur.

Umgeben von *Garrigue*-Kräutern und dem Gesang der Zikaden finden sich in den fünfundzwanzig Zimmern und Suiten elegantes Mobiliar, Teppiche, zeitgenössische Dekoration in sanften Naturtönen und Kunstwerke wie Skulpturen und Bilder.

Eine ebenso schmackhafte wie hochwertige provenzalische Küche wird im Restaurant angeboten; auf der Terrasse am Pool gibt es kleine Snacks.

Im Innenhof der Auberge la Fenière:
idyllisch und im Schatten der Bäume
genau richtig nach einem Ausflugstag

Auberge La Fenière

Ein durch und durch lebendiger Ort, der
dem Glück des positiven Lebens gewidmet
ist und Inspiration bieten will, ist die Auberge der Familie Sammut.

Ernährung und Gesundheit sind hier gleichermaßen bedeutsam. Seit fünfundvierzig
Jahren wird die Auberge getragen und geprägt von der Gastfreundschaft der Familie
Sammut und ihrem Engagement für ein bes-
seres und harmonisches Miteinander.

Neben dem Sternerestaurant gibt es sieben Zimmer und fünf Wochenendhäuschen
für zwei bis vier Personen mit traumhaftem
Blick über das Tal der Durance. In Lourmarin ist ein ganzes Haus zu mieten, und

auf Bestellung werden die Speisen aus dem
Restaurant geliefert.

Wer mag, beschenkt sich mit dem Aufenthalt »Le Goût du Bonheur«: zwei Über-
nachtungen, am besten an einem Wochenende, zur Entspannung Ruhe und
ein Kochkurs bei Nadia Sammut, die in
bewusstes Kochen einführt. Umgang mit
Gemüse, Fermentation und Haltbarma-
chen sowie Backen ohne Gluten stehen auf
dem Programm. Dazu Frühstück, Picknick,
Snacks am Nachmittag sowie Abendessen.
Bei einem geführten Spaziergang entdeckt
man den Naturpark Luberon, eine energe-
tische Massage ist die Kirsche auf dem Kuchen, wie die Franzosen sagen.

Sprachhilfe

Restaurantbesuch

Ich möchte einen Tisch für vier Personen reservieren. – *Je voudrais réserver une table pour quatre personnes.*

Guten Abend, wir haben eine Reservierung auf den Namen ... – *Bonsoir, nous avons une reservation au nom de ...*

Fremdsprachig den Kellner rufen – *Excusez-moi, Monsieur!*

Können wir die Speisekarte bekommen? – *Pouvons-nous avoir le menu, s'il vous plaît?*

Was wünschen Sie zum Apéritif? – *Qu'est-ce qui vous ferait plaisir en apéritif?*

Ich nehme ein Bier vom Fass, einen Kir Royal, ein Glas Roséwein. – *Je vais prendre une pression, un Kir, un verre de rosé.*

Haben Sie ein paar Anregungen für uns? – *Avez-vous quelques suggestions pour nous?*

Was schlagen Sie (uns) vor? – *Que (nous) proposez-vous?*

Was für ein Tagesgericht gibt es? – *Quel est le plat du jour?*

Haben Sie gewählt? – *Avez-vous choisi?*

Ich nehme einen gemischten Salat als Vorspeise. – *Je prends une salade composée en entrée.*

Wir nehmen das Tagesmenü. – *Nous prenons le menu du jour.*

Als Hauptgericht hätte ich gern die Bouillabaisse. – *Comme plat principal, je prendrais bien la Bouillabaisse.*

Ich bin Vegetarier(in). – *Je suis végétarien(ne).*

Ich bin gegen ... allergisch. – *Je suis allergique à ...*

Ich hätte das Steak gern roh, blutig, medium, durchgebraten. – *J'aimerais le steak bleu, saignant, à point, bien cuit.*

Könnten Sie mir bitte noch ein Messer, eine neue Gabel bringen? – *Pourriez-vous m'apporter un couteau, une autre fourchette, s'il vous plaît?*

Und zu trinken hätten wir gern eine Flasche Wasser mit/ohne Kohlensäure, eine Karaffe (Leitungs)Wasser. – *Et comme boissons, nous aimerons une bouteille d'eau pétillante ou gazeuse, plate, l'eau en carafe.*

Für mich kein Dessert, ich nehme einen Kaffee (mit etwas mehr Wasser). – *Pas de dessert pour moi, je prends un café allongé.*

Es war sehr gut, köstlich. Vielen Dank. – *C'était très bon, délicieux. Merci beaucoup.*

Ich bin fertig. Mehr schaffe ich nicht. – *J'ai fini. Je n'en peux plus.*

Die Rechnung bitte. – *L'addition s'il vous plaît.*

Bezahlen wir hier oder an der Bar? – *On regle/paye ici ou au bar?*

Das stimmt so. Das passt so. – *Gardez la monnaie.*

Auf dem Markt

Ich möchte mich nur umsehen. Danke. – *Je veux juste regarder. Merci.*

Was kostet der Salat? – *Combien coûte la salade?*

Ich nehme ein Kilo Äpfel. – *Je vais prendre un kilo de pommes.*

Haben Sie junge Erbsen? – *Avez-vous des petits-pois?*

Kommen die Melonen aus der Region? – *Les melons viennent-ils de la région?*

Wir suchen nach lokalen Produkten. – *On cherche les produits locaux.*

Was können Sie empfehlen? – *Que pouvez-vous recommander?*

Ich nehme ein Stück Käse. Nicht zu intensiv bitte. – *Je prends un morceau de fromage. Pas trop fort, s'il vous plaît.*

Könnten Sie das Fleisch bitte vakuumieren? – *Pourriez-vous mettre la viande sous vide?*

Ein bisschen mehr, weniger. – *Un peu plus, moins.*

Ich nehme sechs Scheiben vom Schinken. – *Je prends six tranches de jambon.*

Wie lange wird sich der Käse im Kühlschrank halten? – *Combien de temps le fromage va-t-il se conserver au réfrigérateur?*

Noch etwas? – *Avec ça?*

Das ist alles. Danke. – *C'est tout. Merci.*

Hätten Sie eine Tüte? – *Auriez-vous un sac?*

Die wichtigsten Begriffe

Allgemeines

acheter – kaufen
l'addition – Rechnung
l'assiette – Teller
boire – trinken
le/la client(e) – der Kunde, die Kundin
commander – bestellen
couper – schneiden
les courses – Einkäufe, Besorgungen
le couteau – Messer
coûter – kosten
la cuillière (à café) – Löffel (Teelöffel)
la cuisine – Küche
le déjeuner – Mittagessen
le dîner – Abendessen
la fourchette – Gabel
goûter – probieren
les horaires – Öffnungszeiten
l'huile d'olive – Olivenöl
manger – essen
le marché – Markt
mettre la table – den Tisch decken
la monnaie – Kleingeld
la nourriture – Ernährung, Verköstigung
prêt – bereit, fertig
le petit-déjeuner – Frühstück

le plat du jour – Tagesgericht
le poivre – Pfeffer
porter – tragen
le prix – Preis
la recette – Rezept
le repas – Mahlzeit
réserver – reservieren
le sel – Salz
servir – bedienen
le sucre – Zucker
utiliser – benutzen
vendre – verkaufen
le vinaigre – Essig

Fleisch & Co

le bœuf – Rindfleisch
la boucherie – Fleischerei, Metzgerei
la charcuterie – Wurstwaren, Aufschnitt
épaule d'agneau – Lammschulter
le gibier – Wildfleisch
le jambon – Schinken
le magret de canard – Entenbrust
le porc – Schweinefleisch
le sanglier – Wildschwein
la saucisse – Wurst, Würstchen
le saucisson sec – getrocknete (Dauer)Wurst
les tripes – Kutteln
la viande – Fleisch
la viande hachée – Hackfleisch

Fisch & Co

les âretes de poisson – Gräten
la baudroie – Seeteufel
le congre – Meeral
coquillages – Muscheln
les crustacés – Krustentiere
la daurade – Dorade, Goldbrasse
le grondin – Knurrhahn
l'huître – Auster
la langouste – Languste
le loup de mer – Wolfsbarsch
la moule – Miesmuschel
nettoyer – reinigen, putzen
pêche du jour – fangfrischer Fisch (des Tages)
le poisson – Fisch

la raie – Rochen
la rascasse – Drachenkopf
le saint-pierre – Petersfisch
vider – ausnehmen

Gemüse, Früchte, Käse, Beilagen & Co

l'abricot – Aprikose
l'ail – Knoblauch
l'artichaut – Artischocke
l'aubergine – Aubergine
la blette – Mangold
la cerise – Kirsche
le chou – Kohl
le concombre – Salatgurke
la courgette – Zucchini
écrasé de pommes de terre – Kartoffelbrei
l'épinard – Spinat
le bulbe de fenouil – Fenchelknolle
la fraise – Erdbeere
les fruits – Früchte
le fromage blanc – Frischkäse, ähnlich
    Quark oder Topfen
le fromage de chèvre, brébis, vache – Käse
    von Ziege, Schaf, Kuh
le gratin – Auflauf
le haricot – Bohne
l'huile d'olive – Olivenöl
le lavande – Lavandel
le laurier – Lorbeer
les légumes – Gemüse
le melon – Melone
mûr(e) – reif
l'œuf – Ei
l'oignon – Zwiebel
la pastèque – Wassermelone
les pâtes – Nudeln
la pêche – Pfirsich
le poivron – Gemüsepaprika
la pomme – Apfel
la prune – Pflaume
le riz – Reis
le romarin – Rosmarin
la salade – Salat
la sarriette – Bohnenkraut
la sauge – Salbei

le thym – Thymian
tomates farcies – gefüllte Tomaten

Dessert, Gebäck & Co

la baguette – längliche Brotstange
les biscuits – Gebäck, Kekse
boulanger, faire du pain – Brot backen
la boulangerie – Bäckerei
la confiture – Konfitüre
cuire au four – im Backofen backen
le levain – Sauerteig
le gâteau – Kuchen
le miel – Honig
le pain – Brot
le pain aux raisins – Brot mit Rosinen (oft
    auch als Früchtebrot)
le pain complet – Weizenvollkornbrot
le pain de mie – Toastbrot
la pâtisserie – Konditorei, Feinbäckerei
sans gluten – glutenfrei
la tarte au citron – Zitronenkuchen
la viennoiserie – Feingebäck
le café gourmand – typisches Dessert, ein
    Espresso mit einer kleinen Auswahl an
    Desserts in Miniatur

Getränke

la bière blonde – Pils
le boisson – Getränk
la bouteille – Flasche
le café – Espresso
le café allongé – Espresso mit doppelt
    Wasser
la chamomile – Kamille
citron pressé – frischer Zitronensaft mit
    Eiswürfeln, Wasser und etwas Süßstoff
les glaçons – Eiswürfel
la grenadine – Wasser ohne Kohlensäure
    mit Sirup
le menthe – Minze
le perrier tranche – Wasser mit Kohlensäu-
    re der Firma Perrier mit einer Scheibe
    Zitrone
le perroquet – Pastis mit Pfefferminzsirup,
    Eiswürfel und Wasser

la pression – Bier vom Fass
le sirop – Sirup, in unterschiedlichen Geschmäckern
le tilleul – Lindenblüte
la tisane – Kräutertee
le verre – Glas
la verveine – Eisenkraut
le vin (blanc, rosé, rouge) – Wein (weiß, rosé, rot)
le vin doux naturel – natursüßer Wein

Zahlen

Zahlen bis 20

0 – *zéro*
1 – *un*
2 – *deux*
3 – *trois*
4 – *quatre*
5 – *cinq*
6 – *six*
7 – *sept*
8 – *huit*
9 – *neuf*
10 – *dix*
11 – *onze*
12 – *douze*
13 – *treize*
14 – *quatorze*
15 – *quinze*
16 – *seize*
17 – *dix-sept*
18 – *dix-huit*
19 – *dix-neuf*
20 – *vingt*

Zahlen bis 100

Bei Ziffern wie 21, 31, 41 usw. muss ein *et* (und) eingefügt werden, ansonsten werden die Einer mit einem Bindestrich einfach an den Zehner angehängt.

20 – *vingt*
21 – *vingt et un*

22 – *vingt-deux*
30 – *trente*
31 – *trente et un*
32 – *trente-deux*
40 – *quarante*
50 – *cinquante*
60 – *soixante*

Ab 70 wird die Zählweise im Französischen ein wenig komplizierter. Man rechnet die Zehner zusammen.

70 – *soixante-dix* (sechzig und zehn)
71 – *soixante et onze* (sechzig und elf)
72 – *soixante-douze* (sechzig und zwölf)
80 – *quatre-vingt* (vier mal zwanzig)
81 – *quatre-vingt et un*
82 – *quatre-vingt-deux*
90 – *quatre-vingt-dix* (vier mal zwanzig plus zehn)
91 – *quatre-vingt et onze*
92 – *quatre-vingt-douze*
100 – *cent*
101 – *cent et un*
102 – *cent deux*
103 – *cent trois*

Zahlen bis 1.000

Ab 200 aufwärts muss *cent* im Plural stehen, wörtlich übersetzt: zwei Hunderter.

200 – *deux cents*
201 – *deux cents et un*
202 – *deux cent deux*
300 – *trois cents*
400 – *quatre cents*
500 – *cinq cents*
1.000 – *mille*

Zahlen über 1.000

1.532 – *mille cinq cent trente-deux*
3.259 – *trois mille deux cent cinquante-neuf*
5.682 – *cinq mille six cent quatre-vingt-deux*
1.000.000 – *un million*
1.000.000.000 – *un milliard*
1.000.000.000.000 – *un billion*
1.000.000.000.000.000 – *un billiard*

Kulinarische Orte

Kulinarische Begriffe

Impressum

© Conbook Medien GmbH, Neuss, 2022
Alle Rechte vorbehalten.

www.conbook-verlage.de
www.instagram.com/conbook_verlag
www.facebook.com/conbook

Lektorat: Judith Heisig
Einbandgestaltung: Carolin Weidemann, Köln, unter Verwendung der Motive von Monique Pouzet / iStockPhoto.com (Cover), Sandy Neumann (Einbandklappe oben und Mitte), Anna_Pustynnikova / Shutterstock.com (Einbandklappe unten), Steffen Neumann (Autorinnenfoto), Rainer Lesniewski / Shutterstock.com (Karte Einbandinnenseite)
Layout und Kartografie: David Janik
Druck und Verarbeitung: Firmengruppe APPL, aprinta Druck GmbH, Wemding

Bildnachweise Innenteil (genannt sind die Seitenzahlen und Positionen): al62 / Adobe Stock: 153 • Alain Hocquel: 2 (rechts), 3 (oben), 6, 7, 13 (links), 14 (unten), 15 (oben), 17, 27, 30, 31, 78/79, 80, 81, 82, 94, 95, 97, 98, 106, 109, 133, 144 • AnjelikaGr / Shutterstock.com: 143 • Anna_Pustynnikova / Shutterstock.com: 158 • Arina P Habich / Shutterstock.com: 59 • AS Food studio / Shutterstock.com: 146 • barmalini / Adobe Stock: 172 • barmalini / Shutterstock.com: 124 (unten) • Biset - Provenceguide: 11 (unten) • Biset - Provenceguide: 127 • bonchan / Shutterstock.com: 52 • Boris Stroujko / Shutterstock.com: 43 • ChantalS / Adobe Stock: 46 (oben) • Chudo2307 / Shutterstock.com: 102 • Cristina.A / Shutterstock.com: 138 • Foodpictures / Shutterstock.com: 44 (links) • Gillet - Provenceguide : 11 (oben) • helenedevun / Adobe Stock: 71 • Jean-Louis Chaix: 4 • KALISTE A / Adobe Stock: 154 • kavalenkava / Shutterstock.com: 140/141 • LianeM / Shutterstock.com: 66 • Marina / Adobe Stock: 56 (oben) • Marina VN / Shutterstock.com: 159 • Mrlon / Shutterstock.com: 166 • NeoBistro - Adrian Bautista: 9 (beide) • nomadkate / Shutterstock.com: 125 • olcha / Shutterstock.com: 162 • OlgaBombologna / Shutterstock.com: 150 • Pellegrin - Provenceguide : 121 • Photothèque du CRT Provence-Alpes-Côte d'Azur: 26 • Photothèque du CRT Provence-Alpes-Côte d'Azur: 107 • PUNTOSTUDIOFOTO Lda / Adobe Stock: 165 • Sandy Neumann: 2 (links), 5, 13 (rechts), 15 (unten), 16, 18, 21 (unten), 23 (beide), 25, 34, 37, 38, 40, 44 (rechts), 46 (unten), 47, 48, 49, 50, 51, 54, 55, 58, 60, 61, 62, 63, 64 (beide), 65, 70, 72, 73, 85, 86, 87, 88, 89, 90, 91, 92, 96, 100, 103, 104, 111, 113, 114, 122, 123, 124 (oben), 128, 130, 131, 132, 134 (unten (beide)), 136/137, 139, 142, 145, 147, 148/149, 151, 161, 163, 169, 176, 178, 180, 41 • santosah57 / Adobe Stock: 167 • Steffen Neumann: 3 (unten), 10, 12, 14 (oben), 20 (beide), 21 (oben), 22, 24, 32/33, 35, 67, 69, 74, 83, 112, 116, 117, 118, 119, 120, 126, 134 (oben), 155, 157, 164, 168, 170, 171, 173, 174, 175 (beide), 179, 181 • YingHui Liu / Shutterstock.com: 42 • zm_photo / Adobe Stock: 152

893986 01 22 3
978-3-95889-398-6

Bitte beachten Sie, dass die Region dieses Speiseführers sehr stark auf das Saison- und Tourismusgeschäft ausgerichtet ist. Daher kann es vor allem außerhalb der Hauptreisezeiten zu Abweichungen bei Verfügbarkeiten, Öffnungszeiten etc. kommen. Wir empfehlen, sich vorab im Internet oder telefonisch zu erkundigen. Leser:innenmeinungen gerne an feedback@conbook.de

Reise-Hacks: die neue gut gelaunte Ratgeber-Reihe!

Die neuen gut gelaunten Ratgeber sind ideale Begleiter fürs Handgepäck oder die Hosentasche. Mit Multiple-Choice-Tests, Buckt Lists und vielen Grafiken werden Ihnen auf unterhaltsame Art die Fragen rund ums Reisen beantwortet, die wirklich wichtig sind.

Stefanie Schindler • **Reise-Hacks für frischgebackene Eltern** • ISBN 978-3-95889-420-4
Anita Vetter • **Reise-Hacks für Hundemenschen** • ISBN 978-3-95889-419-8
Franziska Consolati • **Reise-Hacks für Klimabewusste** • ISBN 978-3-95889-418-1
A. Klie & C. Streicher • **Reise-Hacks für Laufbegeisterte** • ISBN 978-3-95889-421-1
Marc Engelhardt • **Reise-Hacks für Nackte** • ISBN 978-3-95889-422-8

www.conbook-verlag.de
instagram.com/conbook_verlag

Alles einsteigen – die schönsten Nachtzugstrecken Europas in einem bildstarken Reisebuch

In Zeiten von Slow Travel und Nachhaltigkeit erlebt dieses ganz besondere Reiseerlebnis einen echten Boom: Das Nachtzugnetz wächst, und jedes Jahr kommen neue Verbindungen hinzu.

Erleben Sie mit Nachtzugreisen die schönsten und wichtigsten europäischen Nachtzugverbindungen und reisen Sie quer durch den Kontinent. Mit allen wichtigen Informationen und stimmungsvollen Texten werden auch Sie dem Mythos dieser traditionellen und gleichzeitig modernen Art zu Reisen verfallen.

- Die 20 schönsten und wichtigsten Nachtzugstrecken Europas
- Ausführliche Beschreibungen und alle reiserelevanten Informationen
- Tipps für Unternehmungen vor der Abfahrt und nach der Ankunft
- Glossar mit den wichtigsten Begriffen
- Karten aller Strecken
- Über 200 Fotos

Veronika Wengert und Jörg Dauscher
Nachtzugreisen
Die schönsten Strecken Europas

- Großformatiger Reisebildband mit Streckenkarten und über 200 Fotos
- ISBN 978-3-95889-416-7
- www.conbook-verlag.de/buecher/ nachtzugreisen

CON BOOK.
www.conbook-verlag.de
instagram.com/conbook_verlag